全球智慧港口发展实践

于秀娟 卢 成 蔡欧晨 张永明 等 著

人民交通出版社股份有限公司

北 京

内 容 提 要

本书在全球范围内梳理归纳了中国、欧洲、新加坡等智慧港口发展先行区域有关项目的实施信息，包括战略规划、技术应用、运营模式、管理规定、成本效益等方面。在此基础上总结提炼了智慧港口的定义与内涵，并结合世界港航业未来发展趋势，提出了促进智慧港口发展的政策建议，从而实现基于数据驱动的智能化运营，强化港口物流链一体化服务，提升港口供应链服务能力，打造开放共享、互联互通的港口生态圈，最大化地提高资源利用率。

图书在版编目(CIP)数据

全球智慧港口发展实践/于秀娟等著.—北京：
人民交通出版社股份有限公司，2021.9
　ISBN 978-7-114-17582-4

Ⅰ.①全…　Ⅱ.①于…　Ⅲ.①港口—智能技术—应用
—发展—研究报告—世界　Ⅳ.①U65-39

中国版本图书馆 CIP 数据核字(2021)第 176181 号

Quanqiu Zhihui Gangkou Fazhan Shijian

书　　名：	全球智慧港口发展实践
著 作 者：	于秀娟　卢　成　蔡欧晨　张永明　等
责任编辑：	陈　鹏
责任校对：	赵媛媛
责任印制：	张　凯
出版发行：	人民交通出版社股份有限公司
地　　址：	(100011)北京市朝阳区安定门外外馆斜街 3 号
网　　址：	http://www.ccpcl.com.cn
销售电话：	(010)59757973
总 经 销：	人民交通出版社股份有限公司发行部
经　　销：	各地新华书店
印　　刷：	北京交通印务有限公司
开　　本：	720×960　1/16
印　　张：	7
字　　数：	120 千
版　　次：	2021 年 9 月　第 1 版
印　　次：	2021 年 9 月　第 1 次印刷
书　　号：	ISBN 978-7-114-17582-4
定　　价：	60.00 元

(有印刷、装订质量问题的图书由本公司负责调换)

编写人员名单

交通运输部水运科学研究院

亚太港口研究中心

于秀娟　卢　成　蔡欧晨　马妍妍
孙　婷　郭艳晨　杨雅合

物流工程技术研究中心

张永明

港口工艺与装备技术研究中心

张攀攀　丁　敏

经济政策与发展战略研究中心

孙士雯

新加坡国立大学

工业系统工程与管理系

李裕火　周益平　李浩斌　周　蓉

耶鲁大学

耶鲁学院

邹　一

上海国际航运研究中心

徐 凯　郭胜童

上海虹口数字航运创新中心

张 敏

港口圈

周丹君　余萍萍　田 箫　陆孝君

前 言
PREFACE

自 20 世纪 90 年代全球开始兴建信息高速公路并掀起第二次信息革命以来,数字化开始在各领域与各层级重构着整个世界。如今以大数据、物联网和人工智能等新兴技术为代表的第四次工业革命,正在全面而深刻地改变着人类社会经济生产与个人日常生活的方方面面。近年来,亚太经合组织(APEC)开始关注并聚焦亚太区域的数字化发展:2018 年 APEC 的主题是"把握包容性机遇,拥抱数字化未来";2019 年 APEC 三大主题之一是"服务和数字经济";2020 年 APEC 三大主题之一是"通过数字经济和技术实现包容性经济参与";2021 年 APEC 三大主题之一是"创新和数字化"。在相关主题下,APEC 各经济体共同倡议加强各成员的数字经济能力建设,扩大数字经济覆盖面,并通过新技术创造就业;加强区域性的全方位联通,使国际贸易更具活力、流动性和包容性,同时帮助中小企业更好地融入全球产业链。

在此背景下,作为 APEC 框架下成立的、旨在推动亚太地区港口行业发展与合作的国际组织——亚太港口服务组织(APSN),结合全球港口发展趋势,聚焦应用实践数字化新兴技术而不断深化的智慧港口发展,通过为亚太港口行业提供信息交流与能力建设,期望能弥补区域内不同经济体和港口间的数字鸿沟,以港口这一国际大宗贸易物流供应链的重要节点为抓手,进而推动投资和贸易的自由化与便利化,实现 APEC 成员经济体的共同繁荣。

2020 年初全球新冠肺炎疫情暴发以来,从世界到亚太多个经济体采取了大面积的封锁和隔离措施,造成部分区域产业链和供应链断裂,货物贸易需求持续低迷,全球贸易市场受到较大冲击。在此背景下,从 APEC 领导人,到亚太各经济体交通运输部部长,再到各重要港口,纷纷呼吁包括港口在内的全球供应链保持稳定开放,并继续加强区域互联互通,以此应对疫情并支持疫情下的复工复产和经济复苏。在此过程中,各方均倡议高度重视数字技术与应用在应对疫情和保持生产中的重要作用。对于港航业,相应的数字化技术与应用,以及所推动的智慧港口发展更加如火如荼。

为了在智慧港口发展初期的浪潮中总结、归纳并描绘相关项目、基础设施、技术、应用等微观元素所结合形成的整体宏观图景,提出这一行业发展大势所具有的内涵与概念,以便为亚太区域港口全行业未来发展提出宏观层面的愿景、战略、目标或微观层面的技术、政策和应用模式建议,进一步强化其所开展的信息交流和能力建设等各项活动,APSN 于 2019 年 9 月在第十二届理事会上做出决议,委派其与交通运输部水运科学研究院(中国)共建的亚太港口研究中心开展有关研究,撰写《全球智慧港口发展实践报告》。

本报告研究在完成过程中,获得了交通运输部水运科学研究院的资助和众多研究人员的通力协作,特此感谢倪鹏、耿雄飞、彭传圣为报告编写提供的宝贵建议,感谢宁涛、周家海为报告编写提供的宝贵支持。此外,交通运输部水运科学研究院的战略合作伙伴——新加坡海事及港务管理局为本报告中关于新加坡的智慧港口研究,提供了大力协助,特此感谢新加坡海事及港务管理局局长办公室专项项目署长陈清平为此做出的卓越贡献。

特此声明,本报告中的有关内容所表达的仅为作者观点,不代表亚太港口服务组织、亚太港口研究中心或交通运输部水运科学研究院。如有不妥与谬误之处,敬请读者不吝批评和指正。

本报告的作者分工如下。

于秀娟主持全书思路与框架确定;

卢成参与全书思路与框架确定,撰写 3.2.2.2、3.2.2.3、3.2.4、3.2.5、3.2.7.3、3.2.7.4、3.7.2.5 等章节;

蔡欧晨参与全书思路与框架确定,主持全书审订,编译 1.1.1、1.2.2、3.2.2.2、3.2.2.3、3.2.4、3.2.5、3.2.7.3、3.7.2.5、3.2.8 等章节;

张永明撰写 1.1、1.2.1、1.2.3、1.2.4、2.1、2.2.1、2.2.2、2.2.3、3.1、3.2.1.1、3.2.1.2、3.2.3、3.2.6.1、3.2.7.1、4.1、4.2.2.5 等章节;

张攀攀、丁敏撰写 2.2.4 小节；

孙士雯参与审订 4.2.1 小节；

李裕火、周益平、邹一撰写 1.1.1、1.2.2、3.2.8 等章节；

周蓉参与撰写 1.2.2、3.2.8 等章节；

李浩斌参与撰写 1.1.1、1.2.2 等章节；

徐凯参与审订 3.2.1.3、3.2.2.1、3.2.6.2、3.2.7.2 等章节；

郭胜童撰写 3.2.1.3、3.2.7.2 等章节；

张敏撰写 3.2.2.1、3.2.6.2 等章节；

周丹君、余萍萍、田箫、陆孝君撰写 4.2.1 小节。

目 录
CONTENTS

1 智慧港口发展综述 …………………………………………………………（1）
  1.1 智慧港口发展的背景与内涵 ………………………………………（1）
    1.1.1 港口商业模式的变革 ………………………………………（1）
    1.1.2 智慧港口的发展需求 ………………………………………（2）
    1.1.3 智慧港口的内涵 ……………………………………………（4）
    1.1.4 智慧港口的发展趋势 ………………………………………（5）
  1.2 智慧港口的发展理念与发展规划 …………………………………（6）
    1.2.1 中国智慧港口 ………………………………………………（6）
    1.2.2 新加坡智慧港口 ……………………………………………（9）
    1.2.3 汉堡港智慧港口 ……………………………………………（15）
    1.2.4 鹿特丹港智慧港口 …………………………………………（15）
2 智慧港口的运营智能化 …………………………………………………（18）
  2.1 背景综述 ……………………………………………………………（18）
  2.2 案例介绍 ……………………………………………………………（19）
    2.2.1 智能理货 ……………………………………………………（19）
    2.2.2 智能闸口 ……………………………………………………（23）
    2.2.3 智能设施设备监控和维护 …………………………………（28）
    2.2.4 全自动化集装箱码头 ………………………………………（30）
3 智慧物流供应链与增值服务 ……………………………………………（41）
  3.1 背景综述 ……………………………………………………………（41）
  3.2 案例介绍 ……………………………………………………………（43）
    3.2.1 集卡公共调度管理平台 ……………………………………（43）
    3.2.2 船舶与船代智能化管理 ……………………………………（47）
    3.2.3 多式联运信息平台 …………………………………………（53）
    3.2.4 物流增值服务 ………………………………………………（57）

  3.2.5 基于区块链技术的物流信息平台 …………………………… (58)
  3.2.6 通关便利化 …………………………………………………… (59)
  3.2.7 综合性贸易—物流—通关平台 ……………………………… (65)
  3.2.8 基于区块链技术的数字化提单 ……………………………… (78)
4 智慧港口的绿色与安全发展 ………………………………………………… (88)
 4.1 背景综述 …………………………………………………………… (88)
 4.2 案例介绍 …………………………………………………………… (88)
  4.2.1 环境在线监测 ………………………………………………… (88)
  4.2.2 危险货物智能管理 …………………………………………… (89)
5 智慧港口发展建议 …………………………………………………………… (93)
参考文献 ………………………………………………………………………… (96)

1 智慧港口发展综述

1.1 智慧港口发展的背景与内涵

1.1.1 港口商业模式的变革

技术革新推动商业形态变革,生产技术和社会分工对港口运营产生深远影响。17世纪欧洲工业革命造就了大量工厂,港口贸易量迅速扩大,商人和船主分化为贸易商和船公司,并开始产生专业港口运营机构。第二次世界大战期间,纽约伊丽莎白码头推出建有桥吊的新式码头,为集装箱时代的到来做好了准备,港口逐渐由历史上的贸易场所演变为物流枢纽。随着全球化的不断深入,港口与腹地、腹地与腹地之间的关系变得更加紧密,港口开始回到核心价值主张上来——促进贸易。

港口在世界贸易中承担了重要的角色,未来这种作用还将继续。与20年前相比,世界港口的竞争格局也发生了很大变化,港口自身也经历了从粗放式增长向精细化管理转变的过程,由过去单纯依靠码头位置优势,通过高效的装卸服务获得效益增长的模式变得不可持续。随着国际多式联运与综合物流服务的发展,现代港口作为全球综合运输网络的节点,其功能将更加多元化,服务也更加广泛,成为商品流、资金流、技术流、信息流与人才流汇聚的中心。

由历史发展趋势而言,20世纪以来港口的演变和发展可大致分为四个时代。第一代港口从初始一直持续到20世纪60年代,是促进陆海间货物收集和转运的装卸港口。从20世纪60年代到20世纪80年代,第二代港口进一步拓展了第一代港口的转运和集货服务。除了作为运输枢纽,第二代港口还是工业和商业活动中心,提供从包装到初级加工的一系列服务。第一代港口与所在国的社会经济活动相互独立,第二代港口则与工业企业和市政当局建立了更紧密的关系。从20世纪80年代发展至今的第三代港口,承担着物流职能。物流或供应链港口是复杂的国际生产和分销网络的中心。除了传统的港口服务和工业服务,第三代港口还提供组织和货物配送服务。无论在全球还是本地,港口与供应链的结合更加紧密:作为贸易和运输的连接点,将客户与位于相同或不同国家的其他组织联系起来。

第四代港口,即"智慧港口",从2010年以后开始发展,更加侧重于服务。智慧港口进一步拓展现有的工业、加工和物流等服务,并作为数据服务商,利用数据开展基于深入分析的智能运营。为此,港口将其活动数字化,使用新技术解决方案来强化或彻底转变传统港口服务。通过智慧技术的强大赋能,第四代港口以自由贸易为依托,成为主动策划、组织和参与国际经贸活动的产业集聚基地和综合服务平台。在地理布局上,第四代港口也正向网络化方向发展。在此背景下,全球主要港口已开始积极探索转型升级方向,构建差异化的价值主张和竞争优势,通过整合港航物流价值链资源,实现从通道运营商到贸易服务商的角色升级。

科技的发展为港口的升级转型奠定了基础,在新的转变中,港口的战略焦点将从控制资源转为精心管理资源,从优化内部流程转向外部互动,从增加客户价值转为将生态系统价值最大化,通过业务模式变革与发展理念创新,重构多边界、系统化的港口生态圈,以实现便捷可靠的客户体验、智能化的可靠运营、高效的组织和供应链协作、开放式的业务创新,从而促进提升港口物流链效率、降低贸易成本和增强可靠性。

1.1.2 智慧港口的发展需求

(1)经济性需求,实现港口资源统筹高效利用,降低运输成本

在船舶大型化的发展趋势下,提升港口装卸效率,减少船舶在港时间的需求尤为迫切,智慧港口需要部署更先进的自动化技术手段,提升港口资源统筹利用效率,并基于作业计划和作业状态信息的交换共享,实现码头自动化与江海联运业务协同、公路集疏港业务协同的相互配合,真正发挥流程化、自动化带来的效益。另一方面,通过物流服务产品的定制、物流路线的优化、线下业务线上化,促进物流供应链各方业务协同,畅通海运、陆运等物流通道,有效地提高物流效率,降低成本。

(2)可靠性需求,实现基础设施和运营网络的完善

借助数据共享交换与互联互通技术成果,重点开展全产业物流供应链无缝化协作、区域港口群网络资源一体化协同调度等基础设施与信息系统建设与应用,构建物流供应链一体化协作运营网络,提升物流供应链与资源协同网络可靠性。重点实现覆盖全产业的物流供应链基础设施智能化、智慧化,以及物流供应链服务电子化、网络化、无纸化和"一单制",通过物流基础设施与信息的集成与共享,实现物流上下游供应链的无缝衔接,实现物流资源的连接与互联互通,实现区域港口群节点网络、腹地无水港运输网络、港航运输网络的网络化资源整合与协同调度,优化物流供应链管理与资源调度能力。

(3)高效性需求,实现区域及产业运输作业操作与服务的协同化、智能化

构建区域物流供应链一体化协作网,推动物流供应链协作与产业资源整合协同创新,借助信息与通信(ICT)技术、系统工程和人工智能等技术成果,通过完善智能闸口、智能车船配载、智能设备调度、智能船舶调度等港口码头关键业务环节智能化系统建设,构建港口作业智能控制网,推动港口运营协同化、智能化创新。重点实现智能感知与数据自动采集处理、指令电子化、操作智能化、设备远程管理等,实现信息系统指令与码头机械设备控制功能的无缝衔接,实现作业资源的最有效、最合理分配和调度,实现作业流程的标准化及优化,提高作业效率和准确率,保证生产过程的连续、协调、均衡和经济运行,以求实现作业效率与效益的最大化。

(4)安全性需求,实现港口安全监管和应急救援的高水平化

借助传感识别、定位追踪、视频分析和风险管理等技术成果,通过开展危险货物作业跟踪与核查、风险源在线监测等系统建设,构建危险货物运输监管网,推动危险货物运输智能化与精细化管理创新。重点实现危险货物在港口物流多环节业务状态的动态信息掌握与业务核查,推动建立全过程、全链条的监管体系;并通过与港口行政管理部门信息系统对接,实现业务协同,提高政府与企业的监管、决策和应急救援服务能力。

(5)敏捷性需求,实现运输组织与信息服务的创新和赋值

借助移动互联网、云计算、数据交换、智能化分析与决策等技术成果,完善相关信息系统建设,构建客户线上业务与信息服务门户,推动服务便捷化及贸易便利化创新。重点打通各港航要素之间的业务流程和关联应用,实现包括查询、预约、受理、电子结算等在内的线上作业模式,汇集融合堆场堆存、进出闸口、集卡运输、口岸放行、货物装卸、船舶动态等物流信息,通过网络、手机移动终端等多种方式,实现货物承揽、转运、运输、交付的全程跟踪,为用户提供一站式、定制化的港口物流全程可视化服务和运输组织服务。推动跨部门、跨行业数据交换共享,推动实现港口与海关、海事、质检等口岸单位的信息一体化,促进贸易与运输便利化服务水平,助力自贸区业务发展。

(6)绿色性需求,实现节能环保的可持续和谐发展

港口需要通过高效利用能源和基础设施,减少能源消耗,降低环境负担,同时,创新研发智慧能源应用方案,积极推广LNG、岸电等新能源的使用,减少对传统能源以及传统能源开采方式的依赖,通过科技创新,提高既有能源利用效率,减少二氧化碳、氮氧化物、硫化物等排放,推进绿色港口建设,推动灵活性、创新性能源方案的研发和运用,实现智慧港口的可持续性和谐发展。

1.1.3 智慧港口的内涵

智慧港口是现代港口发展的新理念,是在港口行业发展和知识创新相互驱动的背景下催生的一个新概念。智慧港口以理性思维来处理港口生产经营、可持续发展和战略问题,综合应用物联网、移动互联、智能感知、云计算、大数据分析等新一代信息技术,建立实时、高效、准确、优质的港口物流服务体系,建立便捷、安全、经济、智能的集疏运体系,促进物流、信息流、资金流的高效运转,实现港口资源配置智能化、港口服务敏捷化、港口生产组织柔性化、港口物流运作协同化、港城发展和谐化的全新港口发展模式,从而打造港口的综合竞争优势,最终实现紧密协作、安全可靠、绿色生态、持续发展的智慧港口物流生态圈。"智慧港口"代表着未来港口发展的方向,是港口转型发展的关键。

智慧港口的内涵主要体现在六个方面:

(1)现代化设施配置是基础

智慧港口的设施配置主要涉及运输基础设施网络和信息化基础设施网络以及港口运输装备三部分,没有基础设施的现代化,就无法实现新一代信息技术与港口运输核心业务的深度融合,也无法实现港口运输组织和运输管理的创新。

(2)信息化技术应用是灵魂

智慧港口主要体现在新一代信息技术与港口运输核心业务的深度融合,是信息技术的广泛应用不断推进港口运输优化、增长、创新、新生,是信息技术变革带来港口生产力水平的提高,可以在更高层面上优化资源配置,提高港口运输效率和港口运输服务品质,这是智慧港口最基本的属性和特征。

(3)智能化运营服务是核心

智能化贯穿于智慧港口发展的全过程,主要是指通过人的智慧,使得港口运输生产活动中更多的人力由机械设备所替代,体现出自动化、智能化生产运营的特征。港口运输智能化水平是评价智慧港口发展水平的最主要指标。

(4)协同化的运输组织是关键

智慧港口的生命力不仅在于新一代信息技术的充分利用,还体现在与技术变革相应产生的运输组织的创新;新的运输组织必须强化运输法规、标准、政策的协调,加强信息资源整合与共享,建立新型政企合作关系。跨行业、跨部门、跨区域的港口协同化运输组织是智慧港口发展的关键所在。

(5)个性化服务保障是根本

重视人性是智慧港口的最根本要求,让用户最大限度地体验到、享受到现代信息技术带给他们的便利和高品质的运输服务,这是智慧港口发展的出发点和落脚点;反之,也只有依托新一代信息技术与交通运输业务的深度融合,才有可能在更高层面上满足人们越来越高的、极端个性化的"订制服务"要求。

(6) 智慧化的管理决策是标志

衡量智慧港口的显著标志就是看港口运输生产活动中传统的管理决策多大程度上转变为智慧决策,具体体现在四个方面:一是由主观决策转变为客观决策,二是弹性决策转变为刚性决策,三是事后决策转变为适时决策,四是规划决策转变为事先决策。

1.1.4　智慧港口的发展趋势

随着科技的进步和理念的提升,未来港口的战略重点将从控制资源转为精心管理资源,从优化内部流程转向更多地与外部互动,从增加客户价值转为将生态系统价值最大化。智慧港口的发展呈现五大趋势:

(1) 码头运营更智慧

码头智能化是智慧港口建设最重要的部分。基于人工智能视觉识别技术的集装箱全流程智能识别,将大大提高箱号识别效率和准确率。应用5G、人工智能算法的无人驾驶集卡和车路协同方案,将提升智能驾驶安全水平,降低自动化码头改造成本。5G技术将支撑高密度物联网终端接入,更多智能终端、设备将用于码头作业中,推动无人机港口安全监测,机器人安防巡检,无人驾驶汽车货物运输,高精度岸桥远程操控等应用。借助海量数据积累和人工智能算法深度挖掘分析,帮助操作管理系统更加理性、准确、快速地辅助决策,改变传统TOS系统运营模式,提升科学运营水平。

(2) 港口物流更高效

港口作为物流节点和枢纽,是物流链上下游高效协同的关键环节。未来智慧港口以基于数据驱动的物联网信息平台为工具,整合物流链、价值链信息资源,打破目前存在的"信息孤岛""信息不对称"等问题,实现基于信息平台的智能化港口管理和决策,降低物流和交易成本,提高物流效率。通过搭建信息平台,实现信息数据互联共享,促进铁、公、水等运输方式高效衔接,促进企业与政府的合作,使产业链上各种资源与利益方无缝对接与协调联动,提升物流贸易便利化和业务效率。

(3) 业务创新更开放

智慧港口建设将不断实现理念创新、应用创新、管理创新,更快地将新技术和港口产业高度融合,创新拓展港航金融、数据服务等业务领域。通过利用贸易、物流交易场景构建线上支付和利用数据构建信用征信体系,在资本高效利用的同时保证风险可控,提供融资租赁服务、在线集中购汇、保险、资产交易等金融服务产品。同时,港口积累了包括码头泊位、船期安排、拖车排班、进出口货物种类及流量流向等大量有价值的数据,挖掘数据背后隐性贸易、物流特征,借助企业内外部创新能力开展行业应用设计,促进数据商业化应用,创造更大的商业和社会价值。

(4) 客户服务更便捷

港口竞争优势不再局限于码头运营水平,未来的智慧港口,将以客户服务为中心,借鉴互联网扁平化、交互式、快捷性等特点,实现更精准、更高效、定制化的客户服务,提供可视化物流跟踪服务、大宗商品信用服务、拼箱服务、跨境电商、电子支付、线上通关、退税、外汇结算等服务,提升客户服务体验和服务要求。

(5) 港口网络更协同

智慧港口发展将促进港口间协调发展,促进港口间科学分工协作,以互联互通扩大港口经济规模,降低营运成本,增加港口盈利率,使区域资源优化配置和布局结构合理完善。在未来区域或全球化的港口网络中,港口间通过信息通信技术和基于数据的人工智能技术,可实现港口间协同化调度安排,优化港口资源、多种运输方式运力资源及产业链相关方各种资源的科学配置,实现从生产工厂到客户的无缝衔接,实现产业链价值提升。

1.2　智慧港口的发展理念与发展规划

在数据推动全球科技蓬勃发展的背景下,港航业也加快了数字化转型的步伐。港口作为航运系统的重要节点,有责任率先探索新兴技术在港口应用的可能性,通过建立港口长期规划的方式发挥引领作用,带动和指导上下游及配套产业完成转型。

1.2.1　中国智慧港口

(1) 中国港口发展面临的形势与要求

自改革开放以来,中国港口发展取得了巨大成就,已成为世界港口大国,对国民经济和对外贸易发挥了重要支撑作用,但也面临着诸多压力与挑战。

一是在经济新常态下,港口企业面临着吞吐量增幅放缓,货源减少,码头结构不均衡等问题,今后的港口竞争力将从大泊位、大堆场、作业效率、集疏运体系等这些硬件组成方面,转到服务港口物流链的竞争上;二是在气候变化、环境保护、生命安全、交通拥堵等方面,对港口行业的发展形成倒逼之势;三是随着新材料、新能源、新技术的发展,港口行业与现代服务业及相关产业的跨界融合与协同,大数据、互联网+、电商物流等新业态的涌现,综合就业、环境、土地资源、税收等诸多关系的新型港城关系的发展,也给新时代的港口发展提出了新的挑战。

因此,如何从传统的竞争格局中走出来,持续发现新的利益增长点,建立起稳定的、可持续的良性发展模式,从而形成持久的竞争优势,将是今后一个时期中国港口行业面临的长期挑战,也是港口实现成功转型的关键。近年来,中国港口都在积极探索如何有效地利用现代信息科技手段,以更好地应对即将到来的新一轮激烈竞争,打造更为理性、更为柔性、更为智能、更为和谐的智慧型港口。

(2)中国智慧港口建设政策环境

为推动中国智慧港口建设,中国交通行业主管部门出台了大量政策,支持新技术的发展。

2014年6月,交通运输部发布《关于推进港口转型升级的指导意见》,明确提出促进智慧型港口建设,大力推进物联网、云计算、大数据等新一代信息技术在港口的推广应用。支持港口企业加快建设高效、安全、智能的感知网络,积极打造港口数据云服务平台,发展基于大数据的高品质增值信息服务新业态,实现资源集中管理与大集成应用,全面提升港口物流一体化服务能力与水平。

2017年2月,交通运输部发布《关于开展智慧港口示范工程的通知》,决定以港口智慧物流、危险货物安全管理等方面为重点,选取一批港口开展智慧港口示范工程建设,着力创新以港口为枢纽的物流服务模式、安全监测监管方式,以推动实现"货运一单制、信息一网通"的港口物流运作体系,逐步形成"数据一个库、监管一张网"的港口危险货物安全管理体系。

2019年11月,交通运输部联合国家发展改革委、财政部等九部门联合印发了《关于建设世界一流港口的指导意见》。意见提出:加快智慧港口建设。加强自主创新、集成创新,加大港作机械等装备关键技术、自动化集装箱码头操作系统、远程作业操控技术研发与推广应用,积极推进新一代自动化码头、堆场建设改造。建设基于5G、北斗、物联网等技术的信息基础设施,推动港区内部集卡和特殊场景集疏运通道集卡自动驾驶示范,深化港区联动。大力推进港口无纸化作业,完善"一站式""一网通"等信息服务系统,主要港口加快实现主要作业单证电子化和业务项目在线办理。

(3)中国智慧港口建设实践

近年来,中国港口在智慧化建设方面大胆创新,通过推动新一代信息技术与传统港航业务深度融合,促进港口相关领域流程再造、管理创新和业务协同,初步实现业务单证电子化、生产作业自动化、内部监控可视化、行业监管痕迹化、用户服务移动化、全程业务协同化等系列目标,降本增效成果显著,主要体现在六个方面:

①探索全自动化码头建设，引领码头作业全程无人化、智能化新局面。青岛港和上海港等全自动化码头，其作业采用"远程操控双小车岸桥＋自动导引车（AGV）＋自动操控轨道吊"生产方案，在智慧"大脑"码头操作系统（TOS）的统一计划、统一调度等业务指令下，不同码头作业单元协同有序开展工作，不断提高码头作业效率，节省码头人力70％以上。

②优化港口陆运业务协同，提高码头和集卡车队作业效率。上海港"e卡纵横"平台、厦门港智慧物流协同平台、天津港电子商务平台，采取集卡车辆预约制，合理安排集卡进港作业，减少集卡在港等待时间。同时，优化码头整体作业调度，有效提高了集卡车队运输效率和港口码头作业效率，优化了港口集疏运体系。

③推动新技术在不同业务环节应用，助力港口转型升级。河北港口集团在港口作业车辆、船舶和港口作业机械设备上，应用主要基于北斗技术的多功能终端，实现定位、监控、防碰撞及可视化管理；青岛港建设了国内港航企业首家私有云平台；天津港加快5G网络部署，实现无人驾驶集卡5G全景高清视频回传、基于5G＋MEC方案的货物单兵查验业务应用。

④大力推动港口统一云数据中心和业务单证电子化建设，规范内外部、上下游数据流转。天津港实现了包括舱单、放行、进出门等港口18种主要业务的单证电子化；青岛港完成了20种港口作业主要业务单证电子化；上海港通过实行设备交接单（EIR）无纸化操作，每年可节约4亿元的单证印刷和传递成本。

⑤开展港口物流链信息共享协同，创新港口物流运营模式。上海港建设的江海联运业务协同平台，实现上海港与长江港口的江海联运装卸作业协同与通关业务协同，实现相关业务的串联和全程可视化，提高了港口供应链业务协同能力；大连港以口岸为核心，整合多式联运业务信息资源，构筑内陆综合集疏运体系，推动上下游物流节点作业协同和信息共享，有效支撑了集装箱铁水联运业务。

⑥应用多种智能感知手段，推动港口危险货物实现全方位监管。宁波舟山港利用高分辨率遥感测绘、视频监控、无人机等智能采集终端，通过三维建模与地理信息系统（GIS）等技术，实现对危险货物重点区域二、三维一体可视化和全空间视频展现，提高了监管水平和能力。

(4) 中国智慧港口发展规划

为抢抓新一轮科技革命和产业变革的历史机遇，推动港口发展更加注重向创新驱动转变，中国交通行业主管部门和港口企业相继提出了智慧港口建设目标和实施路径，共同推进港口的智慧化建设发展。

交通行业主管部门：《关于建设世界一流港口的指导意见》提出了建设智能化港口系统、加快智慧物流建设等重点任务。到2025年，部分沿海集装箱枢纽港初步形成全面感知、泛在互联、港车协同的智能化系统。到2035年,集装箱枢纽港基本建成智能化系统。在企业层面,各港口企业基于不同的环境背景和发展战略,提出了智慧港口发展规划。

上海港:以成为全球卓越的码头运营商和港口物流服务商为战略愿景目标,借助新技术带来的新动能,以及价值创新和开放式创新带来的新格局,打造基于自动化码头调度的港口协同调度和智能运营平台、打造联江系海的港口物流枢纽集疏运协同平台、打造多元化的港口物流交易服务平台、打造与国际航运中心建设相适应的航运金融及大数据服务平台,支撑港口由单纯的物流运输节点向供应链平台和贸易平台转型。

广州港:通过移动互联网、云计算、大数据、物联网等新一代信息技术与港口物流业务的融合渗透,围绕打造广州国际航运物流枢纽智慧港口运营管理智能化、物流供应链协同化、业态创新开放化等三大核心应用,重点推进生产运营一体化平台、"互联网+港口"创新应用平台,形成具有"信息广泛互联、资源优化配置、业务协同联动"的港口物流新业态和新模式,构建广州港智慧港口组织生态圈,示范带动我国港口信息化、智能化水平的提升。

青岛港:未来十年,青岛港将通过智慧港口建设,实现港口生产经营由业务流程型到精细型再到敏捷型、智能型的根本性转变,形成"信息全域感知、生产全面智能、决策全数分析、服务全程透明、沟通全时互联"的智慧港口发展格局。

天津港:以云计算、物联网、移动互联网、智能控制等新一代信息技术与港口运输业务深度融合为核心,打造世界领先的智慧港口感知作业体系;以港口核心业务及内陆无水港资源为依托,打造自动智能、成果智享、生态智联、数据智慧的京津冀港口物流供应链服务平台;整合归集货运数据、交易数据和物流数据等内外部数据信息,打造华北最大集装箱港航物流信息枢纽;汇聚国内外高端航运物流服务资源,构建形成开放共享、合作共赢、创新创业、活力迸发的北方国际航运物流贸易生态圈。

1.2.2 新加坡智慧港口

1)发展背景

新加坡为了向数据驱动型智慧港口转型,进而提高效率并提供更多增值服务,必须满足四项主要条件:

首先,新加坡港口必须应对货运日益增长的规模、复杂性和数量。航运公司的合并形成了更大规模的航运联盟,在主要贸易线路上使用超大型船舶运输。这一趋势增加了通过新加坡港口的贸易量。因为需要加强协调以确保大量货物能够及时存储或运输到下一艘货船,还导致转运安排更加复杂[3]。除了合并形成的航运联盟,日益增长的区域经济活动进一步表明,新加坡的港口还将不得不应对更高的货物通过量。鉴于土地资源有限,新加坡不能仅仅通过不断扩大港口规模来应对这种转变。相反,新加坡必须依靠基于技术的智慧解决方案来提高港口运营的效率、货流和运营综合程度。因此,对新加坡而言,向智慧港口转型对于管理规模更大、更复杂的货运至关重要。

其次,除了管理更庞大的贸易货流,新加坡还必须通过不断优化的卓越运营,为行业供需双方创造更高价值。作为供需双方企业的交汇点,港口必须提供平台,满足供给方(如物流公司、船东、码头运营商和海事服务商)对运输能力、效率和可靠性的需求,以及需求方(如出港物流公司、制造商和分销商)对于节省时间、确保可追溯性和安全性的需求[4]。为此,港口更应关注运营的数字化和决策的数据分析基础,这两项对于建设更智慧、更高效系统极为关键。数字港口解决方案可提高运输管理的效率,优化整个港口区域的流通,最大限度地实现按时交付。

第三,新加坡面临的人力资源限制也对更智慧、更高效的港口运营提出了需求。智慧港口技术通过将人力工作或其他操作自动化,使工作人员更多负责协调和监督,从而适应可用人力方面的限制。在后疫情时代,实现自动化和数字化的需求更加迫切,因为自动化可实现人员远程操作机器并管理港口作业。疫情本身也加速了港口的数字化进程,凸显了供应链中可远程开展的活动,并使人们关注到能够数字化的所有领域(如纸质提单)[5]。

最后,产业迁移活动和运输网络的变化可能导致航道变化,使通过新加坡港口的货流变少。例如,未来可行性越来越强的北极航道,将分流原本通过马六甲海峡和新加坡海峡的货流[6]。相比目前的苏伊士运河——马六甲海峡航道,北极航道可将航行时间减少30%,对货船更具吸引力[7]。为保持竞争力,新加坡不仅要依靠其战略性地理优势,还必须提供更可靠的增值服务来留住客户。数字港口服务是实现这一目标的关键因素,因为新技术可实现人工流程自动化,保证数据安全存储,并通过数据分析改善运营。

总而言之,鉴于充满挑战的运营环境、竞争激烈的外部市场和极为显著的资源限制,新加坡不仅必须扩大港口运输能力,还需要转型为智慧港口,以提高效率和安全,从而保持竞争力。例如,新建的大士港(Tuas mega port)不仅努力扩大实际运输能力[8],也利用技术作为提升运输能力的助推器。这些技术可实现人工流程的自动化并减少人为错误;还可帮助运营商基于数据提升预测水平,实现更加流畅、无缝连接的港口作业。

2)新加坡的下一代港口关键技术

新加坡的下一代港口究竟将采用什么技术,这些技术将如何提升港口的价值主张?以下将重点介绍新加坡实现"下一代港口2030(NGP 2030)"[9]愿景的关键举措。为此,首先简要介绍大士港的当前计划以及NGP 2030计划的主要目标,然后指出新加坡海事及港务管理局(MPA)旨在推动其智慧港口愿景的主要方式和相关关键技术,最后重点介绍每种技术解决方案改进或彻底改变现有流程的方式。

(1)大士港概述

大士港是新加坡智慧港口愿景的核心。政府于2012年首次宣布了这一港口的建设计划,旨在提高新加坡港口的运输能力,首先是整合新加坡所有集装箱码头,其次是通过技术提高土地利用水平。

大士港可将新加坡现有吞吐能力提高到每年6500万标准箱,成为全球最大的单体集装箱码头。有了这一港口,新加坡还能接待更大型的船舶,乃至比目前在役的超大型集装箱船更大[10]。当前计划还在研究通过新型土地利用概念和创新港口布局(从双层集装箱码头,到支持港口相关和工业发展的平台),实现土地利用最大化。[10]

巨型港口,无需将集装箱从一个港口运往另一个港口,因而缩短周转时间,提高了转运效率[11]。目前,集装箱必须在不同码头之间运输,由于交通拥堵和其他运输延迟,增加了货物周转时间。大士港口将缩短转运的周转时间,提高港口运营的整体效率。

除了增加港口的实际运输能力,大士港还致力于利用技术提高运营效率。港口技术研发计划(PTRDP)目前正在研究相关技术。正在考察的关键技术包括自动化集装箱港口系统、优化技术、绿色港口技术、自动导引车(AGV)[12]等。同时,技术解决方案也得到研发领域的支持。例如,设立了MPA Living Lab实验室和"港口创新生态系统重构@BLOCK71"项目,促进新技术解决方案的开发,改善港口和港口相关服务[13]。

尽管大士港的开发要到2030年才能完成(开发的四个阶段的第一阶段已于2015年开始,预计将于2021年完成),但已有新闻报道和文章介绍港口将采用的关键技术解决方案。本节将重点介绍人工智能和物联网等技术将如何用于增强或取代现有流程和港口操作,并在更广泛且紧密合作的港口生态系统的背景下,说明相关技术解决方案。

(2)实现智慧港口的措施

以下从三方面全面介绍新加坡实现智慧港口的措施:①通过自动化港口服务,提升安全和效率;②采用感知构建与数据分析技术,加强监控和管理活动;③借助一站式数字平台和即时(just-in-time)服务,转变传统运营模式。

①提升安全和效率:港口服务自动化。海事安全和效率一直是大士港当前智慧港口解决方案的关注重点。大士港在码头工作性质"从资产运营者向服务协调者"转变的过程中发挥了关键作用[14]。大士港通过自动化港口服务,使工作人员能够专注于协调不同服务,确保作业的一致性和可预测性;还将减少人为干扰和安全风险,提高工作场所的安全性和可靠性。

例如,自动化岸桥和场桥将提高人工生产力,并减少码头内集装箱运输的安全风险。自动化岸桥将有助于提高集装箱装卸的效率和安全。目前,岸桥司机身处高空中的驾驶舱内仅能操纵一台起重机。有了自动化岸桥,岸桥司机们可在集中式的码头操作中心工作,并一次监控数台岸桥的自动化操作。与此类似,自动化场桥亦可在操作中心的监督下,进行集装箱在存放区的堆垛和拆垛作业。其他自动化起重机包括自动化双小车岸桥和自动化轨道式龙门吊,均为全电动,并具有带能量回馈的驱动系统。

对于港口不同区域间的集装箱流通,自动导引车(AGV)可取代在码头间和集装箱堆场间往返运输集装箱的人力。类似自动化岸桥和场桥,AGV可减少人为错误、失误或疲劳的可能性,从而提高总体安全和可预测性。作为零排放的自动驾驶车辆,AGV还可改善港口运营的可持续性。虽然AGV尚未全面部署,但新加坡港务集团(PSA)已向VDL Groep订购80辆电动AGV,并将于2023年前投入使用[15]。2021年,大士港开发项目一期竣工后,将在两年内逐步引入由162辆AGV组成的车队,接手港口内的集装箱运输工作。PSA还与新科工程和ABB达成合作,委托它们建设用于支持AGV的必要基础设施——为即将组建的AGV车队准备的智慧充电站[16]。

此外,还开发了人工智能驱动的无人水面载具(USV)[17],可执行系泊或避碰等自动导航任务。其优点包括维护成本低、巡航时间长。此类USV支持近海蜂窝网络,数据传输极具成本效益,还可协助物资运送以及水样采集和海洋测量活动的应用。

总体而言,因为高风险工作将由机器替代执行,自动化可改善工作人员的安全状况,可降低工作场所发生事故的可能性,也让一定时段内的工作表现更容易被预测。同时,自动化还可提高港口活动的效率和生产力。过去,工作人员一次仅能操作一台起重机,如今可同时监控多台自动起重机的工作。

②加强监控和管理活动:感知构建与数据分析。除了提高安全和生产力之外,自动化港口操作还将工作人员解放出来,不仅能承担更多监督职责,还能专注于协调与简化迥然不同的港口服务。为此,可采用物联网、机器学习和数据分析

1 智慧港口发展综述

等技术,改善传统上依赖人力的操作。例如,通过物联网传感器收集的数据可帮助识别需要维护的设备。目前已启动两个这样的系统,即基于感知构建分析的海事事件识别系统(Sense-making Analytics For maritime Event Recognition,SAFER),与新一代船舶交通管理系统(Next Generation Vessel Traffic Management System,NGVTMS)。

SAFER

SAFER 是 MPA 和 IBM 的合作项目,重点是开发和测试分析与感知构建技术,以引入海事安全和船舶管理[18]。该系统通过两个关键功能实现其安全目标:感知构建和实时数据预测分析。

该系统应用感知构建来探测港口内船舶的移动和活动,使管理当局不仅能掌握港口内船舶的移动轨迹,还能识别异常或可疑活动。例如,SAFER 将自动移动检测与感知分析和高级过滤功能结合,跟踪港口内的船舶。通过应用传感器数据来代替对目力观察的依赖,SAFER 可获取更准确、更及时的港口船舶移动信息——这点尤为关键,因为 MPA 工作人员每天要监视 1000 多艘船舶的移动。

除了监控船舶移动,SAFER 还可记录大量异常行为,如船只驶入禁区、非法加油、未安装应答器、关闭自动识别系统、超速航行以及无证作业[19]。SAFER 不仅可以更准确地评估港口内的船舶密度,还能准确识别潜在的安全威胁,以便管理当局采取适当行动。更重要的是,该系统使存在失误隐患的人力密集型操作实现自动化——过去的监控任务主要依赖于人工观察、报告、通信和数据输入,这些均可能受到失误或延迟的影响。

NGVTMS

SAFER 系统着重通过智慧船舶监视来提升海事和港口安全,而 NGVTMS 则将类似技术应用于交通和船舶管理领域。NGVTMS 旨在减少监控与协调港口交通过程中人为错误的发生。为此,系统执行三个主要功能。首先通过自动检测和记录港口内船舶的移动来减轻港口运营方的行政负担。其次整合不同数据流,准确评估交通状况。最后进行数据分析,增强船舶和港口运营方的决策能力。

NGVTMS 主要依靠从物联网传感器收集来的数据了解实时交通状况。智慧船舶上的船载传感器将关键信息传送至港口运营方,而智慧浮标、卫星和雷达上的传感器则协助探测船舶的到达情况。这些设备通过"海事单一窗口"协助船舶的自动登记和监控:NGVTMS 让船舶可提前与港口控制中心交换数字化文件、船舶交通信息以及清关和健康申报信息。该系统还支持船舶发送预抵港通知,并自动报告给控制中心,能进一步改善计划和交通管理措施。

除了便利港口和船舶之间的登记与文件交换,NGVTMS 还能让港口运营方监控和管理整个港口的交通。除了提高对港口状况的认识,NGVTMS 还能使用先进机器学习和数据分析技术来改进决策制定。例如,使用智能算法探测潜在的碰撞。同时,该系统使用预测分析来预判交通热点,使运营方能够预防可能的交通阻塞并协调港口内船舶的移动。例如,对船舶抵港时间进行预测分析,为指挥中心的决策提供信息,以决定应让船舶加快航速还是推迟抵港。

为支持实时、响应式的交通管理,NGVTMS 通过"船舶交通移动系统"实现港口和船舶间顺畅、及时的通信。"船舶交通移动系统"搭载于每艘船上,在港口指挥中心和船舶之间建立反馈回路,实现船舶与指挥中心的连接。由此,指挥中心能够与船舶操作方直接沟通,发布从安全警报到天气信息等重要信息。

总体而言,NGVTMS 改进了基于人工的现有监控工作,可快速挖掘与处理多个实时数据流,并进行深入分析,从而提高港口官员的事件监控和交通预测能力,让其能够做出更好的交通管理决策。综合来看,SAFER 和 NGVTMS 都是利用数据来强化传统的监视、安保和交通管理活动,两个系统将物联网数据与先进数据分析相结合,产生实时的深入分析,有望使现有港口运营变得比以前更全面、更安全、更高效。这些技术不仅能改进现有的控制中心活动,还为港口服务的创新和转型铺平道路。例如,通过准确预测船舶抵港时间,港口能更好地为客户提供即时服务,从而提高港口的效率、生产力和整体吸引力[20]。

③转变传统运营模式:一站式数字化平台和即时服务。除了加速或改进现有流程或行政管理任务,智慧港口技术最终将转变港口的本质。如前所述,智慧港口不只提供传统的货物装卸、物流、仓储、运输和安全服务,在此之上还逐渐扮演数据中心和数据驱动型服务供应方的角色。新技术将转变港口的旧有流程,也将创造新的交易形式,如海事单一窗口(MSW)和即时(JIT)服务。MSW 为一站式数字化平台,可压缩以往的序列和年表,供文件交换之用;JIT 则能支持智慧港口提供精简并高度一体化的服务流(仅因为自动化和数据分析才得以实现,因相关技术使校准时间和协调不同服务具备可能性/可行性)。

MSW

MPA 的 MSW 被高度数字化,以优化流程并提高信息流动和共享水平,从而实现跨机构合作,打造一站式门户,通过利益相关方之间的数据交换,为停靠新加坡的船舶转变相关报告和港口清关流程。MSW 第一阶段于 2019 年启动,未来将简化涉及港口清关的多个政府系统的工作流程,如 MPA、新加坡国家环境局及新加坡移民与关卡局(ICA)。MSW 还将整合港口码头和海事服务预订系统。作为互联数字平台,MSW 为公、私领域的利益相关方的信息交换均提供便利。

MSW 将减少行政管理的繁文缛节,并在政府机构间共享信息,以提高航运和

1 智慧港口发展综述

港口运营的效率。由此,船长可集中精力履行安全航行的首要职责,进而提升新加坡港口内的航行安全。

JIT 服务

MPA 的 JIT 规划和协调系统在港口价值链的利益相关方间共享关键信息,以提高透明度并优化资源配置。

JIT 服务将在 MPA、ICA、船舶代理、码头运营方和服务供应方之间共享船舶抵港时间、引航员登船时间和靠泊时间,以减少空闲的等待时间。在更好地掌握船舶抵港时间和状态信息后,船舶可获得到港即泊、及时服务、缩短滞港时间等益处。服务供应方将能更有效地规划和分配引航员、泊位、加油驳船、船舶补给和其他港口服务。

1.2.3 汉堡港智慧港口

汉堡港是德国最大的综合性港口,作为重要经济支柱产业,汉堡港每年为德国创造了巨大的经济价值。港口的蓬勃发展,繁荣了所在城市,在港口发展面临经济平庸时,欧洲的港口最先拓展港口与城市发展内涵,2012 年,汉堡港出台了《港口发展规划 2025》,围绕码头运营智能化、物流价值链服务、港区服务升级、生态环境优化改造等方面推进智慧港口建设。

一是充分利用易北河沿岸空间资源,加强港口物流基础设施建设,进一步优化和提升港口自动化生产力。二是通过自动化码头、现代化堆场和物流服务基地的建设,大幅提高港口运营智能化水平与作业效率。三是优化与完善腹地多式联运网络服务体系,从陆路交通、水路交通和铁路交通等方面打造智能交通系统,强化亚欧大陆运输中转枢纽地位。四是构建现代化控制中心和港口大数据中心,搭建面向客户电子商务平台 PORTLog,为货主、仓储经营商、船公司、货代等物流链上的客户提供一体化服务。五是从创新政策服务、推动港产城和谐共处、加强港航合作、提升价值链服务、加强生态人文环境建设等方面,积极推进港口生态圈建设。如取消自贸区政策促进物流链运转效率提升、发起"港口联盟(chainPORT)"行动实施全球战略布局、实施智慧能源计划推广应用清洁能源等。

1.2.4 鹿特丹港智慧港口

作为欧洲最大的贸易港和世界信息大港,素有"欧洲门户"之称的鹿特丹港,早在 2011 年,就提出了 2030 年港口发展战略愿景,即围绕打造全球性枢纽港和欧洲临港产业集聚区的战略目标,重点从"Flexibility(柔性)""Accessibility(可达性)"和"Sustainability(可持续性)"三方面,全面提升港口物流链运作效率,促进国际贸易便利化，实现港口可持续发展。

近年来，鹿特丹港逐步加强数字化技术应用和港口生态圈打造，重点从提升港口运营效率、完善港口集疏运体系、创新港口价值链服务、推进国际贸易便利化、加强港口与城市的融合、深入推进港口绿色可持续发展等方面，积极推进智慧港口建设。

(1) 大力提升港口运营效率与智能化水平

鹿特丹港致力于推进港口数字化进程，注重通过现代信息技术和人工智能技术等应用，提升港口运营效率与智能化水平。一是建立完善的信息化基础设施。利用局域网、云计算、移动终端设备、物联网、GIS、视频监控系统等，为港区、码头、堆场及港口物流等数字化、网络化管理提供基础支撑。二是建立港口运营管理 CITOS 系统，实现信息系统指令与码头机械设备控制功能的无缝衔接，使各种港口资源高效、合理的分配和调度。三是建立互联互通的信息平台 Portbase System，继续加强腹地运输网络优势，整合相关港口服务，打通港口价值链上下游环节的数据流，促进政府职能部门、航运公司、物流企业、金融和法律服务机构等一起高效运作。四是建立港口大数据中心，实现港口价值链信息资源集中统一管理，开展基于大数据的基础建设、生产管理、客户服务、市场预测等创新应用，为相关方提供及时、准确、标准化的数据服务。

(2) 构建发达的腹地运输网络

鹿特丹港高度重视腹地运输网络的优化完善，打造便捷、安全、高效、可靠的港口集疏运体系，大力发展内陆多式联运。外通综合交通网络（水路网、高速公路网和铁路网）与欧洲各国连接，覆盖从法国到黑海、从北欧到意大利的欧洲各主要市场和工业区；内连各港区码头，衔接临港工业区和港口所在市区。铁路线路直接延伸至港口作业区，实现海铁联运无缝化衔接。发达的腹地运输网络，有力保障了鹿特丹港的集聚效应和扩散效应。

(3) 创新港口物流链协同化服务

鹿特丹港实行自由港政策，十分重视港口物流节点功能和物流链枢纽作用的发挥，注重全方位的港口物流价值链服务，促进港口物流链高效组织与协同化运作。一是加强与港口物流链上下游各方的协同合作，打通物流链的海陆节点，实现物流链资源整合与集成，为货主、物流公司、航运企业及联盟提供更具价值的优质服务。二是构建港口物流链全程信息服务体系，为物流企业、上下游客户提供多方业务协作及运营基础平台，实现高效、可靠的物流服务。三是提升增值服务比例。借助电子服务平台，整合"欧洲门户服务"网络中各方面的参与者，通过信息增值服务保留货源。同时，根据用户的需要，及时有效地处理多货种、多功能、范围广和不同周期的综合物流活动。如提供定制化的运输服务,以及中转与多式联运相结合等服务,满足市场多元化、个性化的需求。

(4)大力推进港口绿色可持续发展

鹿特丹港非常重视港口生态环境和可持续发展,大力推动港口向低碳节能、绿色环保方向发展。实施了"转变运输方式"战略计划,优化港口集疏运体系,引导公路运输方式向水路、铁路等清洁运输方式转变,减少公路交通拥挤和环境污染。积极推进电动集装箱调度车辆、清洁型水力和陆地发动机、岸电技术等的应用,建立船舶污染排放控制区,大幅降低港区二氧化碳的排放量。实施内河运输奖励计划,对于符合规范的内河运输船舶给予经济补贴。开通了来往鹿特丹港与德国的货运专列,以增大海铁联运比例。目前,鹿特丹港的水水中转比例在50%以上,内河集疏运量也占到总量的20%以上。

(5)积极营造良好港口生态圈

根据2030年港口发展战略构想,鹿特丹港着重从规划引领、政策扶持、综合服务、产业配套等方面推进紧密协作、高度协调的港口生态圈打造。一是推进港口战略与人文环境的协调创新。在提升港口利益价值的同时,广泛听取各方面意见建议,追求港口与城市人文环境、居住环境的协调发展。大力推进港口可持续发展和港口所在城市的繁荣发展,注重社会人文、生态绿色、环保节能、港产城一体化。二是大力优化营商环境。积极争取地方政府的支持,加强与海关、临港产业、欧洲产业界、航运企业、国际港口、相关协会组织等的合作,广泛与港口物流链相关方建立战略合作伙伴关系,寻求改进贸易便利化的机会,实现互赢共利、共同发展。三是积极推进产学研用联盟建立,引领港口向更高层次发展。联合荷兰代尔福理工大学、鹿特丹伊拉斯姆斯大学等组建了智慧港口研究中心,加强相关基础理论和前瞻性研究,为鹿特丹智慧港口建设提供技术支撑。

2 智慧港口的运营智能化

2.1 背景综述

当前,世界经济处于深度调整期,港口运输需求增速放缓,航运市场正逐渐由"港方市场""船方市场"向"货方市场"转变;同时,船舶大型化、船公司联盟化等对港口议价能力造成明显冲击,港口同质化竞争态势加剧。在此背景下,实现港口生产调度组织的精细化、提升港口作业效率和资源利用率、减少船舶在港时间等进一步提升运输生产效率的需求日趋迫切。

智慧港口的建设中,港口运营智能化贯穿于"智慧港口"发展的全过程,是智慧港口建设最重要的部分之一。如基于人工智能视觉识别技术的集装箱全流程智能识别,将大大提高箱号识别效率和准确率;应用第五代移动通信技术(5G)、人工智能算法的无人驾驶集卡和车路协同方案,将提升智能驾驶安全水平,降低自动化码头改造成本;借助海量数据积累和人工智能算法深度挖掘分析,帮助操作管理系统更加理性、准确、快速辅助决策,改变传统码头管理系统(TOS)运营模式,提升科学运营水平。

实现港口运营智能化,需要加大物联网、自动控制、人工智能等技术的应用,对装卸物流环节进行优化和改进,提高港口生产效率,体现在以下3个方面:

一是推进关键业务环节智能化系统建设。借助信息与通信技术(ICT)、系统工程和人工智能等技术应用,通过完善智能闸口、智能车船配载、智能设备调度、智能船舶调度等港口码头关键业务环节智能化系统建设,构建港口作业自动控制网,推动港口运营智能化创新。重点实现智能感知与数据自动采集处理、指令电子化、操作自动化、设备远程管理等全自动化码头和半自动化码头系统的逐步升级。

二是建设一体化的港口业务运营系统。优化港口生产作业业务流程,重构、协同与融合港口业务系统,实现港口业务的协同联动与资源优化配置,提升生产作业协同能力。重点集成港口业务受理、运营操作控制、资源调度指挥、视频监视监管、安全监测预警、应急指挥管理等离散化的港口业务系统,实现各环节的业务信息链衔接、融合及时共享,解决港口物流业务各环节的业务信息链脱节、无法融合和及时共享的问题,实现港口生产系统的精益生产和精准服务。

三是加大对港口生产运营决策的智慧化管控。汇聚整合港口内外部数据资源,实现港口信息资源的全面掌控和统一配置管理。重点通过相关管控智能化系统和数据系统支持,整合、分析相关业务系统的数据资源,面向企业管理与决策层的相关人员,针对其关心的战略管控、经营管控、财务管控、供应链管控、客户关系分析等决策问题,提供各类管理与控制功能、决策分析信息与建议、危机管理与应急处置等方面的支持,实现港口生产运营决策智慧化。

2.2 案例介绍

2.2.1 智能理货

1)概述

港口理货是港口业务的重要组成部分,主要业务包括检验货物的标号和残损情况、货物装船情况等。随着经济贸易全球化的发展,客户对于船舶周转速度要求越来越高,这就要求港口要充分运用各种技术手段来提升接卸能力;同时,客户对于数据的准确性及时性的需求日益增加,繁杂的单据处理工作给传统的理货方式和经营管理方式带来了巨大的挑战,理货智能化成为理货发展的必然趋势。

作为港口运营智能化的重要组成,集装箱码头智能理货系统通过光学字符识别(OCR)箱号识别等先进信息技术手段的运用,进行箱体图片的自动触发拍照与箱号识别、拖车号的拍照与识别以及装船箱位的智能化计算,实现了理货数据的自动化分发与处理,促进了码头岸边理货操作的智能化、无人化,相较于传统理货方式显著提升了工作效率。同时,通过港口理货智能化改造,实现理货后撤,使现场理货作业人员摆脱了人机混合作业环境,显著改善了理货员的工作环境,极大减少了安全隐患。

目前,集装箱码头智能理货系统已在全球多个港口实施运用,随着不断的技术改进和经验总结,相关技术趋于成熟并取得较好的收益,以下以中国大连港船岸一体化集装箱智能理货系统为例,介绍集装箱码头智能理货系统的功能、特点及实施效果。

2)案例介绍

2014年9月,在充分调研论证可行性的基础上,在大连港湾集装箱码头,开始"大连外理船岸一体化集装箱智能理货"项目的实施。在岸桥安装分别安装了视频监控设备、网络设备、可编程逻辑控制器(PLC)通信设备、终端集装箱识别设备等,并开发了大连外理大窑湾地区智能理货平台。系统流程、功能及效用情况如下。

(1)系统流程

智能理货系统的总体流程如图2-1所示。

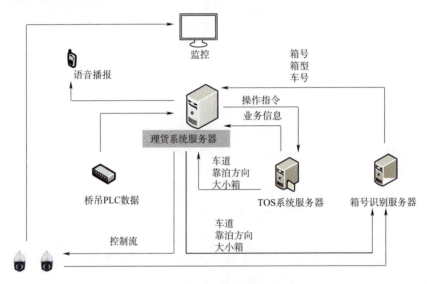

图2-1 智能理货系统流程图

具体说明如下:

理货系统控制摄像头监控所需要识别的作业车道;将视频流传给识别引擎;识别引擎识别箱号、箱型、车道号、作业动作信息给智能理货服务器;理货系统服务器提交CTOS系统进行是否可作业验证;智能理货服务器将作业信息通过语音告诉桥吊司机、捆扎工、指挥手;识别引擎识别作业动作信息给理货系统服务器;理货系统服务器自动提交TOS自动核销当前作业指令;理货系统服务器将异常信息呈现到监控界面上,由理货人员人工介入。

(2)主要功能

①集装箱箱号、贝位、车号视频实时监控。通过安装在岸桥上并与PLC联动控制的视频理货识别控制系统,实时查看集装箱的装卸情况,清晰看到集装箱箱号、箱型、箱尺等、装载集装箱拖车的车号,并能通过视频结合船舶资料(预配船图等)确定装船集装箱所在的船舶贝位位置,掌握集装箱的实时装卸过程。视频实时监控作业场景如图2-2所示。

2 智慧港口的运营智能化

图 2-2　视频实时监控作业场景图

②监控图像定点抓拍。通过与 PLC 的联动控制，结合大连港湾集装箱码头装卸要求、岸桥操作习惯、集装箱拖车的运行车道等作业条件，实现对监控图像的定点抓拍图片，满足智能理货的要求。监控图像定点抓拍作业场景如图 2-3 所示。

图 2-3　监控图像定点抓拍作业场景图

③集装箱（箱号、箱型、箱尺）、车号自动识别。通过安装在岸桥电器控制室中集装箱箱识别终端服务器和系统，能够对在前端抓拍的集装箱图片进行快速识别。集装箱（箱号、箱型、箱尺）、车号自动识别作业场景如图 2-4 所示。

④船岸一体化理货。通过高清远程在线实时理箱,实现船边理箱岗位由码头船边向后方室内转移,优化码头装卸工艺流程,减少码头与外理交接环节,提高理箱效率和质量。

⑤与码头操作系统信息共享。将识别后的集装箱、拖车车号等信息与理货管理系统、码头操作系统中箱号、车号自动匹配,完成集装箱理货作业流程中箱号和箱型代码核对校验。

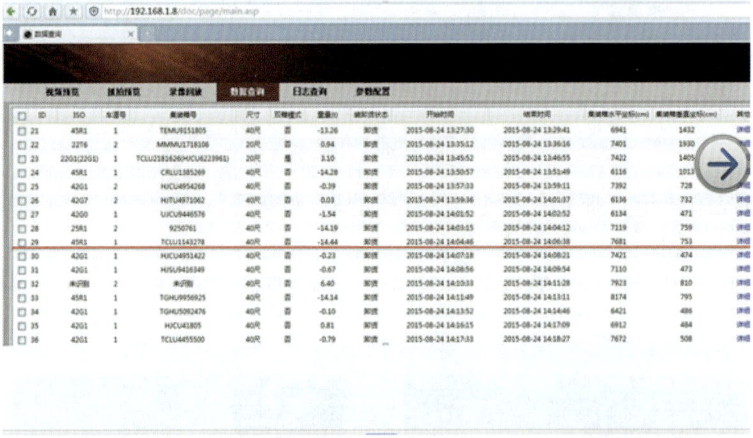

图2-4 集装箱(箱号、箱型、箱尺)、车号自动识别作业场景图

(3)实施效果

①实现远程高清在线的集装箱理箱。实现集装箱码头装卸过程中,集装箱装卸信息、装载贝位信息、理货信息等多种信息有效集成,实现远程在线高清集装箱理箱。

②适应集装箱码头智能化、自动化发展趋势。通过推动船岸一体化智能理货,提高了码头装卸效率和外理公司集装箱理箱效率、准确率和质量,使理货行业由劳动密集型向技术型转变,理货工艺从传统的"一人一条作业线"可逐步转变为"一人多条作业线",降低整个码头的人员劳动力成本。

③进一步规避现场安全隐患和改善一线员工作业条件。实现在线远程理箱后,将船边理箱岗位由码头船边向后方室内转移,从而避免人工近距离查验产生的危险,大大改善理箱人员工作环境,减轻劳动强度,能实现人机分离,有效解决人、机、物混合作业状况,显著提高理货工作、码头现场的安全性。

④有助于提高服务质量,提升第三方公正性。以信息一站式、数据自动比对、可视化影像等新技术提高理货服务质量,满足船公司等客户对理货服务质量更高

标准的要求,并能协助港区安保和海关等口岸单位实时监管需要,充分发挥理货在国际供应链安保工作中的作用。

2.2.2 智能闸口

1)概述

集装箱码头闸口作为港口物流系统的重要组成部分,主要对进出码头的集装箱、集卡和司机进行信息采集、识别、校验、通放行、存储,是码头内外责任界定和海关监管的重要场所,闸口的通行能力直接影响到码头的综合能力以及对外服务水平。

传统的集装箱码头闸口在运作时,集卡在闸口进行箱检、过磅、数据录入和装箱交接,闸口作业依赖人工操作,劳动强度大、作业效率低、数据准确性差,严重影响了码头的运营效率和服务水平。随着港口物流的发展,高速增长的集装箱吞吐量对码头闸口作业产生了前所未有的压力,智能闸口的建设也随之被各港口提上建设日程。

智能闸口是将箱号识别 OCR 技术、车号识别 RFID 技术、箱体检查 CCTV 技术和实时控制等技术进行集成,以自动识别车号和箱号,并对识别和监测出来的信息按监控操作需求进行转换,从而实现与码头管理系统、海关监控系统的实施交互,完成集装箱码头闸口作业的信息化、自动化和数据传输的电子化,明显提高闸口的通行效率。

基于此,为提升港口运营效率,全球各港口集装箱码头多数开展了智能闸口的建设。以下以中国宁波舟山港为例,介绍集装箱码头智能闸口系统功能、特点及实施效果。

2)案例介绍

2000 年以来,宁波港集装箱吞吐量以年均 30% 以上的增幅快速攀升,2007 年宁波港集装箱吞吐量超过了 930 万标准箱,高速增长的集装箱吞吐量对码头的闸口产生了前所未有的压力,迫切需要利用信息技术建设智能闸口管理系统,实现集装箱闸口管理由人工方式转为"无人"方式的变化。从 2007 年开始,宁波港对下属各个码头逐步实施闸口智能化改造项目,成功实施了港吉集装箱码头、第二集装箱码头、大榭国际招商码头、北仑国际集装箱码头、梅山保税港区、梅山码头、远东码头等智能化卡口的改造工作,截至目前,智能闸口已经在宁波舟山港主要集装箱码头实现全覆盖。

(1)系统流程

根据宁波舟山港集装箱码头业务流程,智能闸口的总体流程如图 2-5 所示。

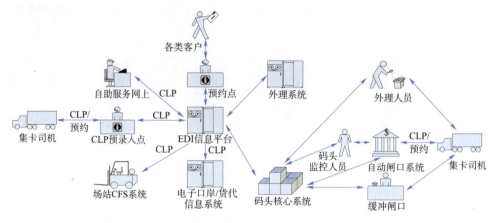

图 2-5　智能闸口总体流程图

具体说明如下：

①货代、预录入点、堆场、车队等通过装箱单预录入系统录入进场重箱的装箱单信息（针对重箱进场），装箱单信息将保存在 EDI 信息平台中，同时向对应码头进行发送；

②集卡司机到码头预录入点进行提箱或其他特殊业务的预约动作，获得预约号（针对提箱或其他特殊业务）；

③集卡进入智能闸口通道时，前端采集设备将自动采集对应的车号、箱号、地磅重量、预约号等信息，并向码头后台系统提交采集数据，接收后台系统的返回信息，从而打印出行车指南并控制栏杆抬起；

④外理人员通过手持 PDA 设备，对集装箱箱体的铅封进行查验，并提交给码头后台系统，作为进场的校验数据；

⑤集卡进场如果是进重箱，则不需要进行其他操作，智能闸口系统将自动把识别到的箱号发给码头后台系统，与待进场装箱单的箱号进行匹配，返回行车指南信息；

⑥集卡进场如果是提箱或其他特殊业务，则集卡司机需要输入（或扫描）预约号，码头系统在其预约数据中进行匹配，返回行车指南信息。

（2）主要功能

系统主要实现对通过闸口通道的集装箱车辆自动进行重量采集、集装箱号码、电子车牌等数据采集，并将采集到的数据发送给后台处理系统，并与码头生产系统、海关系统等进行交互，控制栏杆和其他闸口设备的操作，从而实现闸口通道的无人监管。

①箱号识别。在闸口通道的不同方向上安装摄像头，可以对集装箱进行多方

向拍照,利用 OCR 自动识别集装箱箱号,并自动从后台系统读取该箱的详细运输信息。系统界面如图 2-6 所示。

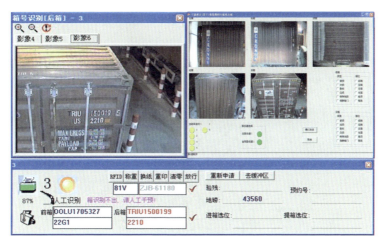

图 2-6　箱号识别界面例图

②电子车牌自动识别。利用 RFID 实现不停车、非接触、远距离(读写器天线与电子标签的识读距离不小于 5 米)地对通过车辆进行自动识别登记,并为每一个注册车辆建立相关业务数字档案的功能。系统界面如图 2-7 所示。

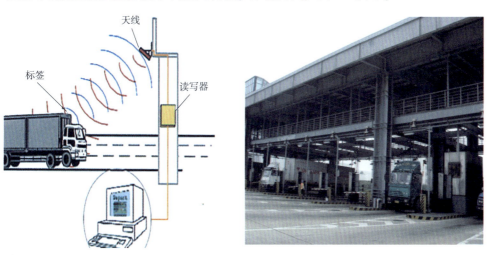

图 2-7　电子车牌自动识别界面例图

③箱体验残。与集装箱箱号自动识别子系统共用摄像头,在集装箱进闸时,自动保留集装箱各个侧面及顶面的图像信息,工作人员可以通过图像判断集装箱是

否有残损。系统界面如图2-8所示。

图2-8　箱体验残界面例图

④自动档杆控制。当集装箱进出闸信息录入无误,且符合放行要求(如海关放行),系统可以自动控制档杆的升降。系统界面如图2-9所示。

图2-9　自动档杆控制界面例图

⑤人机交互。是一套用于司机自助式操作的,并与闸口监控管理系统高度集成的,界面友好的设备和控制软件的集合,可以实现自动打印作业票据、集卡司机与工作人员的可视语音对讲,同时可以进行语音提示操作流程等。系统界面如图2-10所示。

(3)技术特点

①实现远距离双向传输的RFID车载终端的模型应用。系统选用433Mhz有源标签和915Mhz的无源标签结合,并配置电源和显示屏,制成可远距离全向识别

和近距离定向识别的 RFID 车载终端,可近距离被阅读器定向识别车辆信息,还可在 200 米左右的远距离范围内主动上发预约信息、作业信息,并且还能接收港区的作业指令。不但实现了车牌自动识别,同时做到港区作业调度指令的无纸化和实时发送。

②实现铅封查验无纸化的操作模式。系统基于 2.4GHz 网络和无线手持终端,实现了集装箱普通商业铅封查验的无纸化作业,代替了传统的纸面交接,提高了作业的实时性和防作弊能力。

③实现基于企业服务总线(ESB)方式码头与海关实时数据通信。基于 ESB 方式实现码头操作系统和海关监管系统的异构系统协调运作,提高了集装箱码头和海关的工作效率和智能化水平。其中码头操作系统提供航次挂靠港、货代、提单的维护以及铅封查验数据的提交等服务,海关闸口系统中提供集装箱进入码头预检和离开码头检查的功能。

图 2-10 人机交互界面例图

(4)实施效果

实现了集装箱闸口管理由人工方式转为"无人"方式的变化,有以下显著效果。

①保证了进出港业务单证数据的准确性和及时性;

②提高了闸口的通过效率;

③加强了闸口业务管理的计划性;

④减少了闸口处理的业务用工数量;

⑤减少闸口作业安全隐患;

⑥为调度人员监控进出港车辆的分布情况,适时调整机械设备和人力的分配,提供了更直接的手段;

⑦为码头管理提供了科学的数据分析。

智能闸口的应用促进了宁波口岸电子装箱单的推广,从而实现集装箱运作数据传输的全程电子化,提升港口在全球集装箱运输的竞争能力,而且还会促进宁波的港口物流特别是集装箱物流的发展,从而带动区域经济发展。

2.2.3 智能设施设备监控和维护

1)概述

港口是资产密集型和设备依赖性企业,港口生产对装卸设备的依赖程度越来越高,设备管理已成为港口企业发展的关键。为了提高生产设备的故障处理及维修的快速响应,提高设备维修计划的预防性和准确性、资产控制与管理、设备管理的科学决策等,迫切需要港口企业改进传统的设备管理方式。

实施港口资产设备管理信息化,建设科学高效的港口设施设备智能监控和维护系统,是港口企业提升港口设备管理水平的必由之路,可确保设备完好率、降低设备故障率、提高设备利用率、减少非计划性维修、降低维修成本。

港口设施设备智能监控和维护系统综合运用人工智能、大数据、5G 等技术,以智能化、自动化手段识别工控系统运行状态和安全隐患,实现港口运输装备与基础设施的在线化管控、实时性检测、智能化监测。目前,港口设施设备智能监控和维护系统已在全球多个港口实施运用。以下以中国青岛港设备智能管控平台为例,介绍港口智能设施设备监控和维护的功能、特点及效益。

2)案例介绍

为发挥信息化在港口设施设备管理的引领和支撑作用,提升和保障设备的技术、安全性能,青岛港开发建设了港口设备智能管控平台。青岛港设备智能管控平台是结合港口设备管、用、养、修的日常管理流程,基于本质安全理论建设的港口设备全生命周期管理平台。平台建设基于先进的工业互联网平台架构,融合了物联网、大数据和云计算等技术,实现了港口设备的精细化管理、设备安全状态动态管理、设备可视化管理等,提升了青岛港的设备管理水平。

(1)系统功能

青岛港港口设备智能管控平台主要实现设备精细化管理、设备安全状态远程监控、设备视频监控和设备能耗材料管理。系统功能模块如图 2-11 所示。[21]

①设备精细化管理。设备精细化管理是对各单位设备的管、用、养、修进行管理,实现设备管理的系统化、流程化、实时化和标准化,做到设备管理人员行为的履职留印,设备的维保留痕。其主要功能有:各项设备计划、实施、验收、评价、改进的流程管理,设备技术巡检、保养、润滑等计划管理,设备变动、新增、报废与更换部件等设备全生命周期管理,并能对设备的完好率、故障率、利用率、能源消耗等进行大数据分析。

2 智慧港口的运营智能化

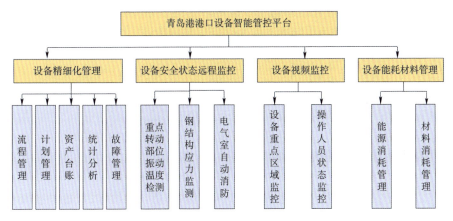

图 2-11 系统功能图

②设备安全状态远程监控。基于设备本质安全理论,通过采用传感技术、物联网技术和大数据分析等手段,对港口中后期的大型设备进行钢结构应力检测、重要机构运行状态检测和电气火灾自动消防预警检测,实现设备的状态在线监控、故障诊断预警。并对设备重点部位的温度、电流、振动、应力变化等监测信息进行大数据分析,形成设备重点部位运行状态趋势线,并预判变化趋势,形成预警信息,为设备的预控管理提供可靠的数据支撑,保障设备本质安全。

③设备视频监控。在大型设备卷筒及旋转区域加装视频监控系统,设置越界监测功能,实现对重点部位图像的智能分析和越界报警等功能,同时结合大型设备动作,实现设备视频监控智能显示。同时在港口大型设备及流动机械上安装人员行为识别设备,实现了对大型设备操作人员工作状态的监控、对流动机械超速和驾驶员疲劳驾驶的监控,实时为操作人员预警。

④设备能耗及材料管理。利用远程抄表技术对设备能耗进行远程采集,为设备运行分析提供能耗数据。同时能够对设备材料消耗、库存管理、维修费用等进行分析,为合理掌控材料消耗及库存管理提供数据支持。

(2)技术特点

青岛港设备智能管控平台技术架构分为技术层、数据层、服务层和应用层等4个层次,由数据及业务标准规范、设备管理标准化流程、硬件和运行维护保障系统提供整体支撑。

①技术层。技术层是青岛港设备智能管控平台的理论基础,关键技术包括大数据技术、物联网技术、系统集成技术及地理信息技术。

②数据层。数据层是平台的信息集散和传输中心,主要由阿里云的数据中心

和宽带网络组成,在既有的内部通信系统和外部通信系统的基础上,采用防火墙、入侵检测系统和病毒防治系统等手段来保证信息的传输安全。

③服务层。服务层提供通用的数据接口给调用者使用,无须关注架构或底层所发生的变化,通过与数据层的衔接,提供相应的服务,数据层以服务的形式对外开放。

④应用层。运用技术层的技术方法,利用服务层提供的各种接口信息,为青岛港设备管理的各级管理人员提供录入、查询、统计、分析的功能和结果,为设备智能管理提供统一的平台,提供决策智能支持。

(3)实施效果

青岛港设备智能管控平台是基于先进的网络信息处理技术,实现设备维保巡检、运行监控、数据采集分析、智能预警、运行管控等功能的一体化管理平台,帮助设备管理各级人员实现设备的闭环管理,推动设备最大化的发挥效能和保障安全。

2.2.4 全自动化集装箱码头

1)全自动化集装箱码头发展现状

随着全球经济一体化发展的深入,世界海运集装箱量呈现不断增长的态势,集装箱船舶建造也朝着大型化方向发展。

集装箱码头自诞生之日起,自动化的进程从未停止过。如何提供稳定高效、节能环保和成本低廉的集装箱装卸服务一直是各集装箱码头关注的重点。进入21世纪以来,科学技术进步、集装箱船运市场发展、港口企业成本控制、安全事故易发、人员操作能力不均衡等因素共同推动了集装箱码头的自动化发展。

高效、绿色、安全是集装箱码头自动化变革的根本原因,自动控制技术、信息通信技术等的快速发展是这场变革的助推剂。自动化集装箱码头不仅可以大大降低码头现场的作业人员数量,在少人甚至无人情况下完成装卸作业,还可以依靠系统优势提升码头综合效率,进而提高港口的通过能力;此外集装箱码头自动化还可通过设备的智能调度、能量回收等技术降低码头综合能耗。

集装箱码头经历了"单机自动化—半自动化—全自动化"的发展历程。全自动集装箱码头是指港区船舶装卸、水平运输、堆场装卸等所有作业环节按照系统设定的作业流程,自动实现集装箱装卸操作和运输方式转换的集装箱码头。

自1993年世界第一个全自动化集装箱码头投入商业运营以来,集装箱码头自动化发展速度愈发加快,荷兰鹿特丹港ECT码头、德国汉堡港CTA码头、荷兰鹿特丹港Euromax码头,青岛港自动化码头等都成为全自动化码头发展历史上的里程碑,见证了集装箱码头船舶装卸、水平运输、堆场装卸环节等的技术变革(见

图2-12)。据不完全统计,目前全球已建成10余个全自动化集装箱码头(见表2-1)。

a)鹿特丹港ECT码头

b)德国汉堡港CTA码头

c)鹿特丹港Euromax码头

d)青岛港自动化码头

图2-12 典型的全自动化集装箱码头

全球部分已建成的全自动化集装箱码头情况表　　　　表2-1

码头名称	所在港区	工艺系统	建成年份(年)
ECT 码头	荷兰鹿特丹	岸桥 + AGV + ARMG	1993
Euromax 码头	荷兰鹿特丹	岸桥 + AGV + ARMG	2008
Maasvlaktell 码头	荷兰鹿特丹	岸桥 + AGV + ARMG	2015
RWG 码头	荷兰鹿特丹	岸桥 + AGV + ARMG	2015
Gateway 码头	英国伦敦	岸桥 + ASC + ARMG	2013
CTA 码头	德国汉堡	岸桥 + AGV + ARMG	2002
Tobishima 码头	日本名古屋	岸桥 + AGV + ARTG	2008
Middle Harbor 码头	美国长滩	岸桥 + AGV + ARMG	2016
Trapac 码头	美国洛杉矶	岸桥 + ASC + ARMG	2016
Patrick 码头	澳大利亚布里斯班	岸桥 + ASC	2005
VICT 码头	澳大利亚墨尔本	岸桥 + ASC + ARMG	2017
厦门远海码头	中国厦门	岸桥 + AGV + ARMG	2016
青岛前湾四期码头	中国青岛	岸桥 + AGV + ARMG	2017
洋山港四期码头	中国上海	岸桥 + AGV + ARMG	2017

注:AGV-自动导引车,ARMG-自动轨道吊,ARTG-自动轮胎吊,ASC-自动跨运车。

经过近30年的发展,全自动化集装箱码头已成为集物联网、通信、信息网络、人工智能、大数据、云计算和安防等技术的智慧物流平台。

2)自动化集装箱码头典型工艺系统

自动化集装箱码头发展到今天,技术上已日趋成熟,自动化集装箱码头的装卸工艺系统与传统集装箱码头相比,主要区别在码头前沿船舶装卸、平面运输和堆场装卸三部分(见图2-13)。各码头因地制宜采用不同的装卸工艺,综合分析全自动化集装箱码头主要有四种典型的装卸工艺系统[22]。

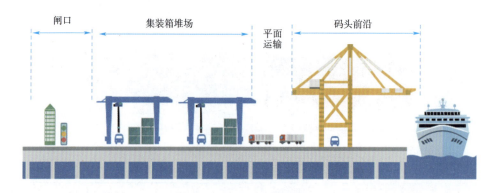

图 2-13　集装箱码头组成简图

(1)"双小车岸桥 + AGV + ARMG"工艺系统

德国汉堡港 CTA、荷兰鹿特丹港的 ECT 及 Euromax 码头均采用这种装卸工艺模式。双小车岸桥进行船舶集装箱装卸,AGV 进行码头前沿至堆场之间的水平运输,而自动化 RMG 负责堆场区域内的集装箱装卸作业。其中,CTA 码头(图 2-14)于 2002 年投入运营,首次采用双小车岸桥,主小车司机操作,副小车全自动运行,是全球采用 AGV 工艺系统的第二座自动化集装箱码头。水平运输采用柴油内燃机驱动的 AGV;堆场采用无悬臂 RMG,每个箱区两台 RMG 套叠式布置。

图 2-14　CTA 码头

2 智慧港口的运营智能化

(2)"单小车岸桥＋ASC＋ARMG"工艺系统

美国洛杉矶港的 TraPac 码头(见图 2-15)、伦敦 Gateway 码头等均采用该种工艺系统。该装卸工艺与双小车岸桥＋AGV＋ARMG 最大的区别是,岸桥直接将集装箱放置在地面上,然后由 ASC 将集装箱提起完成码头前沿至堆场的水平运输[23]。

图 2-15 ASC 在缓冲区抓取集装箱

(3)"单小车岸桥＋AGV＋A-RTG"工艺系统

日本 TCB 码头是该类型自动化码头的代表(见图 2-16),该集装箱码头是世界上首个采用 A-RTG 作为堆场设备的自动化码头。由于日本为多地震国家,采用 RTG 可减小地震带来的危害。该码头轮胎吊跨内设 6 列箱＋1 条集卡作业通道＋1 条 AGV 作业通道;AGV 与外集卡通过"围网＋道闸"避免平面交叉,保证安全。

图 2-16 TCB 码头的 A-RTG 和堆场车流

(4)"单小车岸桥＋ASC"工艺系统

布里斯班港 Patrick 码头是全球首个水平运输和堆场全部采用 ASC 的集装箱

码头,于2005年建成(见图2-17)。与配备RTG或者RMG的堆场相比,该类型堆场的集装箱的堆存层数较少,堆场的容量较低。

图2-17　全球首个全自动跨运车码头

3) 全自动化集装箱码头设备

(1) 码头前沿装卸设备

①双40英尺单小车岸桥(图2-18)。双40英尺单小车岸桥具有2套独立的起升机构,可同时起吊2个40英尺或4个20英尺集装箱,装卸效率比普通岸桥高50%以上[24]。单小车岸桥作业时,采用"n"型作业路径。

图2-18　单小车岸桥"n"型作业路径

②双40英尺双小车岸桥(图2-19)。双40英尺双小车岸桥综合双40英尺岸桥和双小车岸桥的优点。双小车岸桥通过过驳平台进行海侧和陆侧作业流程衔接。卸船时,海侧小车将集装箱由船舶转移至过驳平台,卸箱后即可返回进行下一操作;陆侧小车将集装箱由过驳平台转移到水平运输设备上,反之亦然。双小车岸桥采用"m"型作业路径。

(2) 水平运输设备

①自动导引车(AGV)。AGV(图2-20)是自动化集装箱码头最为常见的水平

运输设备。AGV 载重量大，控制技术复杂。目前全球应用于自动导引车的定位导航包括电磁感应埋线技术、激光检测技术、超声检测技术、光反射检测技术、惯性导航技术、图像识别技术和坐标识别技术等，其中在自动集装箱码头，磁钉导航应用最为广泛。AGV 可实现自动导引、自动作业、安全避碰和自动诊断等智能化功能。根据结构型式，AGV 可分为普通 AGV 和顶升式 AGV 两种。顶升式 AGV 需要与 AGV 伴侣配合使用。AGV 经历了由内燃机液压驱动、柴油发电机驱动到纯电力（电池）的发展。

图 2-19　双小车岸桥"m"型作业路径

随着科技的发展，无人车（集卡）（见图 2-21）成为集装箱码头水平运输研究的热点。

a)普通AGV　　　　　　　　　　b)顶升式AGV与AGV伴侣

图 2-20　不同结构的 AGV

②自动跨运车 ASC。该类设备集搬运、堆码和装卸功能于一体，主要用于码头前沿与堆场之间的集装箱运输，可取代 AGV、RMG 或 RTG，提高码头垂直装卸和水平运输的作业能力（见图 2-22）。

图 2-21　无人集卡　　　　　图 2-22　自动跨运车

与堆场自动化技术相比,水平运输系统的自动化技术难度较大,也是突破全自动化集装箱码头工艺系统的重难点。

(3)堆场装卸设备

①自动化轨道式集装箱门式起重机 ARMG。RMG(图 2-23)在铺设的轨道上运行,技术已发展较成熟,采用自动化技术的 ARMG 在自动化集装箱码头得到了广泛的应用[25]。

图 2-23　双 40 英尺 RMG

②自动化轮胎式集装箱门式起重机 A-RTG。RTG(图 2-24)的自动化程度不断提高,整机作业性能大大改善,操作灵活性也逐步加强。A-RTG 配备箱垛检测系统、防撞系统、堆垛导引系统、底盘车位置检测系统和自动位置指示系统等,可确保其与 AGV 协同作业。RTG 大车运行采用轮胎形式,由此增加了设备整体定位和维护难度。

2 智慧港口的运营智能化

图 2-24　RTG 在堆场作业

4）典型自动化集装箱码头介绍

（1）全球最大的全自动化码头——上海洋山港四期集装箱码头

上海洋山港四期工程（图 2-25）于 2014 年 12 月开工建设，总用地面积 223 万平方米，共建设 7 个集装箱泊位、集装箱码头岸线总长 2350 米，是目前全球一次性建成规模最大的自动化集装箱码头[26,27]。

图 2-25　上海洋山港四期集装箱码头

码头远期设备规模将达到 26 台岸桥、130 台 AGV。堆场内采用无悬臂 ARMG 及单侧带悬臂 ARMG；堆场的每个箱区采用两台 RMG 布置，海侧 RMG 对 AGV 进行全自动化作业操作模式，陆侧 RMG 采用"自动作业+人工确认"模式对集卡进行操作作业。码头总体布置见图 2-26。

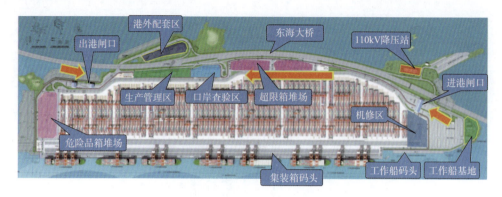

图 2-26　上海洋山港四期集装箱码头总体布置

洋山港四期具有以下主要特点：

①软件系统的突破。洋山四期采用上海港自主研发的 TOS 系统和 ECS 系统来实现自动化码头作业的所有功能，实现了中国码头行业上的首次突破。

②装卸系统自动化程度高。从码头前沿、水平运输到堆场的整个装卸工艺系统中，除了对船和对外集卡的作业有部分人工介入外其余均为全自动化作业，具备目前全球最高的自动化程度。针对洋山港区水-水中转比例高的特点，创新性采用了无悬臂 RMG 和悬臂 RMG 混合布置形式。

③采用新型的双重可调式轨道基础。洋山四期工程陆域是填海开山形成，回填层厚度差异较大，原始地质情况复杂，虽经地基处理，仍有一定量的残余沉降及不均匀沉降会发生，很难满足运营期高标准的使用要求。针对洋山四期这一地质情况，设计提出了双重可调式轨道基础（见图 2-27），在传统的轨枕道砟的基础上增加了 U 型混凝土基础槽，轨枕板与钢轨系统间设置可调支座系统，满足自动化堆场的使用要求，保证了工期，节省了工程投资[28]。

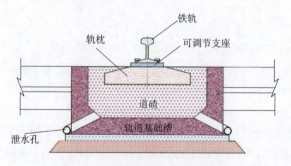

图 2-27　双重可调式轨道基础示意图

④穿越式 AGV 电池更换站。大幅减少 AGV 排队等待时间，提高 AGV 电池更

换效率。

洋山四期全自动化码头是全球最大的单体全自动化集装箱码头。

(2)青岛港自动化集装箱码头(图2-28)

2017年5月11日,青岛港全自动化集装箱码头一期工程投入商业运营。一期码头岸线长660米,建设2个泊位,设计吞吐能力150万标准箱/年,配备7台双小车岸桥、38台高速RMG和38台AGV。

2019年11月28日青岛港自动化码头二期投产运营。此次投产运营的二期工程岸线长660米,2个泊位,设计吞吐能力170万标准箱/年,配备9台双小车岸桥、38台高速RMG和45台AGV。

图2-28　青岛港自动化集装箱码头

青岛港自动化码头主要有以下特点[29,30]:

①建设周期短。码头一期工程于2017年5月11日投产运营,建设周期是西方同类码头的1/3,建设成本是其2/3,装卸效率全球第一,比同类码头高50%,减少人工80%,开创了低成本、短周期、全智能、高效率、更安全、零排放的高质量发展新模式;二期工程于2019年11月28日运营,建设周期是西方同类码头的1/5。

②设计采用了港口大型机械"一键锚定"系统,解决了大型机械防瞬间大风的行业难题;采用了机器人自动拆装集装箱旋锁系统(见图2-29)。

③采用了世界上重量最轻、循环补电、巡航里程无限制的集装箱AGV。该导引车在运行环节中采用滑触线循环充电技术实现自动补电。

④创新采用以氢燃料为动力的自动化RMG。自动化RMG采用氢燃料电池组为自动化RMG提供动力,不仅减轻了设备自重约10吨,降低了设备机构复杂度、设备维保量和维修费用,而且发电效率高,用氢燃料替代石油和煤炭,实现RMG完全零排放。

⑤实现5G+自动化码头,运用5G技术实现设备的自动操控。青岛港自动化码头在全球率先完成了港区5G全覆盖,成功实现在5G网络下的岸桥、RMG自动控制操作、抓取和运输集装箱及高清视频大数据回传等场景的应用。

图2-29　机器人拆装集装箱旋锁系统

5)效果及展望

全自动化集装箱码头有机整合了码头操作系统(TOS)、设备控制系统(ECS)、闸口控制系统、电子数据交换系统及码头预约查询等各子系统,具备自动理货、自动配载、智能设备调度、自动堆场管理及智能闸口、业务处理等功能,可以统筹协调码头生产的各要素,自动派生生产计划策略及作业任务序列;实施流程管理及设备调度控制。

通过自动配载系统可快速高质量地完成船舶积载计划;利用自动堆场系统使堆场的利用率达到最优,并可避免引起场地翻箱的增加。利用信息技术,实现单证无纸化、电子化、EDI信息自动核对、自动放行。

操作人员的不稳定因素,对于码头生产影响很大,实现自动化后,系统按照设定程序进行装卸作业,时间进度就会与计划进度吻合,综合效率得到了保障。

值得一提的是,全自动化集装箱码头的成功建设及运营极大地推动了传统集装箱码头的自动化改造进程。在可预见的将来,传统集装箱码头自动化改造将成为集装箱码头的一大亮点。

3 智慧物流供应链与增值服务

3.1 背景综述

港口先后经历了从装卸中心、服务中心到综合物流中心的演变过程。港口作为港口物流供应链的核心枢纽,其内涵和外延已发生了深刻变化。从本质上而言,港口物流是一个功能的概念,而港口智慧物流则体现了港口物流高端组织模式与运作形态,是港口发展的战略方向与重点领域,是围绕以港口为核心枢纽的全程物流链,综合应用新一代信息技术,实现港口全面感知、泛在互联、智能融合、深度计算、协同运作。在加强智慧物流供应链与增值服务中,应加强物流价值链一体化服务、强化物流服务链高效协同化运作、打造开放共享、互联互通的港口生态圈。

(1) 加强物流价值链一体化服务

高效物流链一体化服务是港口智慧物流的重要标志与外在体现。提高港口物流价值链的整体效率和服务质量,实现港口物流服务链一体化,需重视三个方面的能力提升。

一是"可达"。建立便捷、安全、低成本的集疏运体系,突破传统的"货物装卸"封闭运作模式。加强与全程物流链上下游相关方协作,优化内陆多式联运运输网络,构建全程物流链服务体系,为港口物流链上下游客户提供多方协作及业务运营平台。打通物流运输的海陆节点,为货主、物流公司、航运企业提供更具价值的优质服务。

二是"效率"。围绕港口物流价值链,拓展业务范围,强化对物流链资源的整合与集成能力。充分利用港口身处供应链中心的优势,通过对各方面信息的收集、分析和整合,为客户提供一站式物流解决方案和物流服务。充分应用云计算、大数据、移动互联网、物联网等现代新兴技术,强化物流链资源的整合与集成能力,实现港口与船公司、铁路、公路、货代、仓储等相关物流企业的无缝连接,提高物流服务效率和质量。实现港口与海关、海事、检验检疫等口岸联检单位的信息一体化,提高港口通关效率和服务水平。

三是"增值"。强化物流价值链服务,将客户需求置于首位,创新和延伸物流服务,提供金融、保险、信用等衍生服务。借助云计算、大数据、移动互联网等手段识别业务机会与风险,帮助港口企业改进服务质量。基于港口大数据平台,开展拼箱服务中心、空箱调运、拖车运输交易、订舱交易等创新服务,以满足市场多元化、差异化的服务需求。

(2) 强化物流服务链高效协同化运作

跨行业、跨部门、跨区域的高效协同化运作组织,是港口智慧物流关键之所在。广度上,需将更多的相关方纳入物流价值链条,加强港口物流上下游资源整合与集成,拓展港口物流市场交易、金融、保险等配套服务功能。深度上,要围绕港口物流服务链,对码头、船舶、船东、货主、代理、商贸企业、监管等物流链全要素、全过程的集成化管理,从整合与集成中拓展和延伸服务。

具体而言,需重点做好三个方面的互联互通:在物理层面,强化腹地运输网络优势,实现港口间的航线沟通衔接、基础设施的匹配连接、港口与腹地集疏运体系之间的协调畅通,以及港口物流大通道与港口物流网点布局之间的有机衔接;在业务层面,围绕以港口为核心枢纽的综合物流体系,强调延伸和拓展港口物流服务链,与所有相关业务方,如港口与港口、港口与相关机构及港口所在物流链之间,实现业务协同与高效衔接;在信息层面,建立服务于全程物流链的信息平台,整合和集成港口物流链上下游资源,实现港口与港口、港口与相关机构以及港口所在物流链之间的信息通联与共享,以保障全程物流链开放、透明、高效。

(3) 打造开放共享、互联互通的港口生态圈

打造开放共享、互联互通的良好港口生态圈,是港口智慧物流运作的根本保障。港口生态圈战略既涵盖了港口自身战略定位与发展,也考虑了港口物流链的整体优化战略,突出资源的开放与共享以及参与者间更紧密的协作,最大化地提高资源利用率。

对政府部门而言:需加强政策引导,打破阻碍运输网络优化的关键壁垒,着力解决物流链一体化的制约瓶颈;大力营造公开透明的营商环境,建立健全相应的政策体系与监管体系。对港口企业而言:需要结合自身禀赋和竞争环境,选择合适的定位。加强与港口物流链相关方战略合作,广泛建立多方协作、共赢互利的"朋友圈"。对利益相关方而言:应遵循开放共享、多赢互惠的原则,以信息互联互通为基础,以开放共享、合作共赢为导向,积极推进资源整合及优化配置,实现物流价值链整体利益最大化。

3.2 案例介绍

3.2.1 集卡公共调度管理平台

3.2.1.1 概述

传统的集装箱集疏港方式是由码头周边的各个集装箱场站分别组织自己的车队或者协议车队，在码头和场站之间进行集装箱的集疏运业务。随着集装箱船舶大型化的发展，集装箱港口面临着巨大的作业压力，港口闸口的拥堵问题与非均衡生产问题日益严重。高峰时段，即便闸口满负荷作业，仍有大量集卡在各通道处等候过闸，严重时队列甚至延伸至港外公路，低谷时段，闸口开启的各通道处于空耗状态，资源闲置浪费，利用不甚合理。

为实现港外集卡有序进港，提高作业效率，提升业务协同水平，港口需要利用信息技术手段，通过港口、船方、货方、货运经营人、海关的互联互通和信息交换共享，加强物流链业务协同，提升港口作为枢纽港的集疏运效能。基于此，鹿特丹港、新加坡港、上海港、青岛港等港口依托港口业务，以预约进港和单证电子化为突破口，打造覆盖全港，辐射经济腹地的"集卡池"，形成港口与货运经营人、与政府监管部门之间货运信息交互通道，提高港口陆路集疏运效率和港城联动水平。以下以中国青岛港集装箱集疏运系统、宁波舟山港集卡公共调度管理与无纸化平台（易港通）为例，介绍集卡公共调度管理系统功能、特点及实施效果。

3.2.1.2 青岛港集卡公共调度管理平台案例介绍

青岛前湾港区集装箱场站、物流车队数量众多，港内港外车辆调度指挥难以统一，资源消耗较大，运输车辆能力效率低下，成为构建全程物流体系的难题。为了力拓港口构建集装箱全程物流链，配套推进港口集疏运升级，变革港口原有效率低下集疏港运营体系，发挥港口在口岸集装箱物流服务供应链中的龙头地位优势，青岛港在整合集装箱码头及周边的场站车源、货源的基础上，建设了以港口码头为中心，以周边集装箱场站、货主企业等单位为节点，基于多方信息有效共享与业务紧密协同的港区集装箱集疏运系统，为提高物流资源集中度、优化港区集装箱集疏运作业流程，降低了运输成本提供了重要支撑。

（1）主要功能

主要功能包括车辆授权管控、集装箱集疏运集中管控、图形化智能调度监控、统一计费等功能。系统功能架构如图 3-1 所示。

① 车辆授权管控管理。通过车辆基本信息管理、驾驶员基本信息采集管理、车

辆作业安全管理、车辆作业授权管理,实现车辆、港口作业卡、司机身份证、海关电子车牌等基本信息的多卡相互绑定,以及集装箱车辆与驾驶员的集中管理,加强港口作业安全管理。

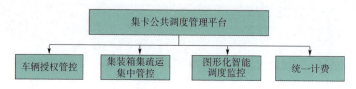

图 3-1　集卡公共调度管理平台功能架构图

②集装箱集疏运集中管控。以港口信息化基础为依托,与码头靠离泊计划、收箱作业计划、进口预约申请、空箱疏港计划,以及集装箱场站、保税中心以及铁路港站的昼夜作业计划、运输车队的车辆出勤计划等相对接,建立了计划统一、作业预约、车辆集中、限时分区、多点调配、高效重载的港口集疏港智能运营的新模式,实现港口生产作业计划和货物运输过程的高效协同。

③图形化智能调度监控管理。通过集疏运图形化监控和移动终端 APP 智能调度客户端,实现作业调度指令发送、作业任务与作业范围的图形化管理,并按照集疏运重去重回自动建立作业线,实现集装箱集疏运的实时图形化智能调度与监控。具体是通过充分考虑码头生产作业过程高随机性、高并发性的特点,综合分析任务起始地位置、任务类型、闸口信息、实时路况,以及集成车辆定位、码头场站闸口等环节作业实时信息等因素,解决码头静态集中计划与动态分布式作业过程的冲突等问题,推动集装箱车辆的最优路径选择、最优任务分配,进而实现集卡的精准化、最优化调度。

④统一计费管理。对集疏运车辆作业进行监控管理,增加车队与场站对账、核销、应收、应付账额功能,实现与网上支付平台的数据对接。

(2)系统特点

①实现港区集装箱短途运输资源的集中管控。系统将实现青岛港两个集装箱码头、周边 30 多家场站之间的集装箱集疏港运输需求和 40 多家车队运力供给资源的统一管理和集中调度,建立集码头、场站、车队为一体的集中调度中心,实现集装箱码头作业计划与场站集疏运计划、车队配工计划的协调,提升集装箱集疏港效率和车辆重载率。

②建立最优化运输调度算法,营造公平的运输环境。依据港口码头、各场站的运输作业需求和车队可用运力资源情况,按照业务优先级、最短路径等调度规则,建立智能调度算法,由系统自动做出对所有的场站、车队的物流资源调度安排,缓

3 智慧物流供应链与增值服务

解集装箱集疏港运输需求和运力供给的周期性矛盾，营造出公平、公正、均衡的物流运输服务环境。

(3) 实施效果

①提升码头综合效益。系统实施后，当年直接创造利润4000余万元，并且改变了港区内外交通拥挤与不均衡局面，交通指挥的压力大幅度降低，交通安全事故同期下降60%以上；新系统对场站、车队业务统一协调，避免了无序恶性竞争，车辆消耗损耗直线下降，燃油消耗降低。据测算，碳排放较之以前的每集卡车每次下降40%左右。

②场站运营水平大大提高。场站集疏运作业秩序良好，集疏港效率提升，资源共享便于突击重点，超期、加急箱大幅减少，场站调度员工作强度降低，管理成本降低。

③车队收益大幅度增加。提高单车效率和单车收益，提高车队整体运营效益。规范完善的车队管理，促进公平、公正的运价体系持续优化，大幅减少管理成本。

3.2.1.3 宁波舟山港集卡公共调度管理与无纸化平台案例介绍

(1) 系统主要功能

易港通构建以"一城两厅"为核心的港口物流信息平台，以宁波舟山港电子商务平台系统为核心，与EDI、各码头生产系统、船代放箱系统、堆场箱管系统等系统的对接和数据交换，将船舶信息、货运信息、仓储信息和物流信息集合于一体，实现物流服务的"线上交易、线下操作、在线支付"。系统界面如图3-2所示。

图3-2 易港通网站首页

①网上营业厅。易港通平台针对传统模式效率低、流程复杂等问题，开设了

"网上营业厅"业务平台,以线上线下同步办理业务逐步变革码头对外服务的模式,实现在线接单、移动查询、电子支付、即时跟踪等"单一窗口"服务功能。业务受理的主要功能有:线上集装箱四改、线上装箱单预录入、进口集装箱操作全程无纸化、出口集装箱操作全程无纸化等。

②物流交易厅。以"网上营业厅"线上业务办理为基础,整合码头、堆场、船公司信息资源,通过将传统集装箱运输业务线上化,以简化物流环节、降低物流成本为原则,整合利用码头、堆场、船公司信息资源,搭建运力需求和货源运输需求的撮合交易平台。通过基于大数据的分析和新技术的应用,提高集卡运输的精确性和高效性,推动集装箱运输行业向高附加值领域发展。

(2)实施效果

目前,宁波舟山港已完成国内外60余家船公司的数据标准统一和共享交换,全面上线集装箱出口业务全程无纸化服务功能,实现了宁波地区从事出口集装箱业务的6家码头、60余家船公司、28家港外堆场、200余家订舱货代、1570余家实际用箱人、2万名司机之间的系统互联、数据互通。2019年,网上营业厅平台受理线上"四改"(改船、改港、改提单号、改件毛体)9万票,单月线上占比95%;线上装箱单预录入全年累计受理239.9万票。宁波口岸进口集装箱全程操作无纸化达66.7万箱,线上占比100%,出口无纸化352.5万箱,线上占比高峰时达到96.5%。

易港通公司集卡运输交易平台(物流交易厅)于2018年4月开始试运行,2019年全年订单量达到31万单,交易额达2.7亿元。截至2019年,入驻货代60多家,车队150多家,可支配运力达3000余辆。

易港通系统上线约两年的时间里,已累计减少集卡司机作业总时长1050万小时,减少码头(堆场跑空车)比例24.2%,减少燃油油耗1680万升,减少用纸6000万张以上,节省燃油、纸张成本1.5亿元以上,给宁波地区从事出口集装箱业务的物流环节带来了效益。

(3)克服的障碍

涉及物流环节多,对接难度大。宁波港域共有60余家船公司、28家堆场协会下属堆场、300多家订舱货代及2万余名司机,各自使用不同系统,采取不同业务模式,平台要做好系统对接,需要进行大量的协调沟通和系统开发工作。

利益牵涉方多、物流节点繁杂。全面取消纸质单证后,部分原有的既得利益者要失去既得利益,必然反对某些改革;大量集卡司机、众多仓库、工厂改变原有操作习惯,适应新的习惯需要有一个过程。因此,无纸化的顺利推行需要参与各方的共同努力,也需要政府和相关部门的引导和推广,实现共赢。

3.2.2 船舶与船代智能化管理

3.2.2.1 上海国航中心智能船舶代理管理平台（e-ports）

1）建设背景

随着全球加速布局新兴技术研发，各垂直行业不断加大数字化转型进程，带来的商业模式创新、技术创新均以肉眼可见的速度改变着产业互联网的新格局。港航信息化发展在这样的大环境下也迈入加速发展阶段，数字航运、智慧港口等概念不断提出，传统航运业遭遇挑战，尤其在船舶代理服务方面存在长期以来难以解决的诸多痛点、难点。

（1）船东、船代双方难以实现最优匹配

在传统的船代业务中，船东方最大的痛点在于对各个港口的船代市场不了解，在寻找优质船代的过程中有很大的难度，并且始终停留在一个相对封闭的市场环境中，对于船东方的信息掌握有限，需求了解也不够充分，导致客户源相对分散和不稳定，服务品质无法保障。有些情况下，本港的船代企业只能服务到达本港的船舶，业务发展受限，同时还要面对信息不对称造成的摩擦成本和资金风险等问题。

（2）信息化程度低，沟通协作效率差

船代市场的信息化程度很低，国外的船东方和国内的船舶代理服务商往往采用邮件沟通的形式，沟通协作的流畅性、及时性与安全性难以得到保障，双方信任度不佳，对船舶代理服务的质量和进程难以达成共识，这样因素均导致市场交易的效率很低，使得船代服务企业无法进行业务扩张，发展极为受阻。

2）系统架构

平台由四大主要系统组成，分别为船舶在港综合事务的信息服务系统、船舶在港综合服务的 SaaS 管理系统、APP 管理系统及船舶在港综合事务的大数据分析系统。系统逻辑如图 3-3 所示[31]。

（1）船舶在港综合事务的信息服务系统

船舶在港综合事务的信息服务系统是由 E-PORTS 自主研发的信息查询服务的平台。平台对入驻船代进行能力评估、信誉评级，船东可以在平台寻找适合的代理进行业务匹配。系统采用轻量化设计，建立委托方和代理方便捷的信息对接。

（2）船舶在港综合服务的 SaaS 管理系统

船舶在港综合服务的 SaaS 管理系统是利用 SaaS 技术建立的可以提供敏捷、统一协作的船舶在港综合服务管理平台，通过实现业务流操作线上化，实现下游操作信息实时共享给船东与运营管理方，通过区块链匿名性、去中心化等特性和 SaaS

软件平台下保障港航企业在交易过程中的隐私和安全,杜绝各类欺诈,规避资金交易风险。

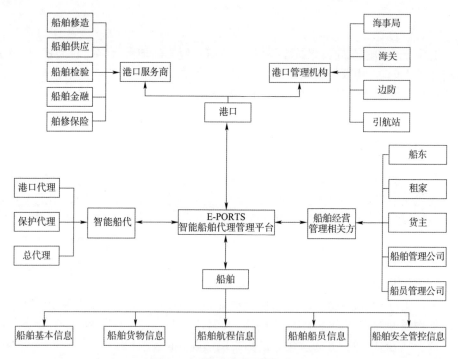

图 3-3 E-PORTS 业务逻辑示意图

(3)实时信息传递与节点管控的 APP 管理系统

APP 管理系统可以让航运服务提供方能够及时反馈服务信息,航运需求方能及时查看服务内容,追踪服务质量。APP 采用移动互联技术,操作灵活、方便,随时可以通过手机、PAD 等移动设备访问、操作、管理自己的航运服务项目。

(4)船舶在港综合事务的大数据分析系统

船舶在港综合事务的大数据分析系统通过对用户在港口提供或者安排的综合服务记录进行定性分析和统计,形成各类可视化图表,为航运服务产业及平台客户内部管理水平的提升提供数据基础。

E-PORTS 平台上寻找代理流程图 3-4 所示[31]。

3)系统实现功能

作为一个 B2B 航运服务管理平台,E-PORTS 根据线上线下产业多年融合实践发展的经验,为全球商贸船舶提供在港综合服务解决方案,实现船舶在港综合服务的统一管理。平台主要实现了以下功能:

3 智慧物流供应链与增值服务

图 3-4　E-PORTS 平台上寻找代理流程

（1）协助航运服务委托方快速寻找到全球港口代理

在传统的船代业务中，船东方最大的痛点在于对各个港口的船代市场不了解，在寻找优质船代的过程中有很大的难度；而船代方最大的痛点是对于船东方信息掌握有限，对其需求了解不够充分，导致了客户源的分散和不稳定。

E-PORTS 智能船舶代理管理平台通过对全球港口代理资源的整合，使航运服务委托方在平台上能快速找到在全球港口提供所需的代理服务，提高询价和多方比价效率。

（2）利用信息化手段提升双方沟通协作效率

船代市场的信息化程度很低，国外的船东方和国内的船舶代理服务商往往采用邮件和电话沟通的形式，导致市场交易的效率很低。

E-PORTS 智能船舶代理管理平台通过应用互联网技术提升委托方与代理方之间的沟通的信息化水平，从而提升双方的沟通协作效率，使双方各级管理层、执行层能及时知道船舶服务进展情况，解决代理服务过程中上传下达、信息沟通不畅的问题。

（3）标准化流程提高代理服务质量

传统业务中，船代与船东方的信息不对称是造成双方信任度低、船代业务效率低下的主要原因。

E-PORTS 智能船舶代理管理平台嵌入代理服务标准化流程，通过让代理实施标准化流程服务以及对标准化流程节点的监控，能够及时发现和解决问题，避免因失误造成的摩擦成本和资金风险等问题。此外，平台运用信用评估及准入、退出机制，对服务商的服务行为进行制约，对代理服务过程进行评估，从而全面提升服务质量。

(4)解决因业务扩张而带来的管理问题

一般情况下,随着业务量的积累,传统企业管理问题则会凸显,管理成本和管理难度将会显著增加。

E-PORTS 智能船舶代理管理平台通过对业务数据进行收集与分析,为委托方、代理方及行业主管部门的管理层提供企业管理和行业管理的决策依据,支持企业的业务扩张及航运产业的升级。

4)项目推行效果

E-PORTS 是唯一通过英国劳氏船级社平台类信息安全管理体系认证企业。目前,平台入驻的全球船舶经营管理方(船东、船管、租家)超过 350 家,平台服务已覆盖中国的全部港口及国外的 500 多个港口,入驻的港口船舶综合服务提供商超过 2650 家,为 300 多家国内外船东提供船舶代理服务超过 13000 艘次。

作为船舶服务类航运电商平台,E-PORTS 简化了船东和船代之间从建立合作关系、有效沟通直到完成服务、结算尾款的一整套业务流程,实现了高效可靠的线上交易。平台通过航运服务数据信息化共享方式,实现一个数据的多次使用,简化传统船舶服务的信息传递繁冗度,提高船舶服务管理效率;根据各港口服务优势有效合理安排船舶具体在港进行的船舶服务内容,提高船舶服务效率,降低船舶服务经营管理成本;加强客户对在港船舶服务业务的把控力,实现在线一站式船舶服务信息化管理。

目前,E-PORTS 已成功帮助全球商贸船舶在国内和国际港口中完成一站式船舶在港服务,基本实现了以智能变革解决航运服务痛点的需求。E-PORTS 智能船代管理平台自正式投入使用,对于航运企业内部和社会效益价值的提升都起到了重要推动作用。智能船代管理平台围绕"船舶"挖掘深层次的服务需求,将"大数据"和"航运业"有机结合,同时,利用"云服务系统"操作简单、智能规划、服务标准化等特点,把传统低效的船代业务搬到安全的"云"上,帮助船舶合理安排在港服务期间的服务项目,从效率、成本、安全和服务质量监督四方面提高船代服务领域整体素质,使传统业务存在的根本问题得到缓解。同时,"随时、随地、随心"地享受互联网数字技术链带来的全面升级,让船舶更加放心地靠泊全球任何一个港口,实现供需双方的产业升级。

E-PORTS 智能船代管理平台的成功建设和运营将传统航运服务实现了可控、可视、可追溯的全流程线上操作。

3.2.2.2 汉堡港易北河港口水域信息系统

在汉堡港和易北河,通航船舶的数量与尺寸均在不断增长,且需在紧密的时间窗口内进行货物装卸。为了应对日益复杂的计划与执行,在所有相关方之间实现更加迅捷的信息通信至关重要。易北河港口水域信息系统(PRISE),是一个信息技术平台,它将运输各相关方所有涉及船舶进出的信息汇总在一起,包括码头、引航员、船务公司/代理、拖船和系泊人员以及港务局。PRISE 改善了船舶进入易北河河口及在港口内通航的计划性,从而提升了交通流的速度。

PRISE 是全球唯一的管控汉堡港所有进出港航道的信息平台。它由 DAKOSY 公司代表德国汉堡港口与物流股份公司(HHLA)和欧门集团(Eurogate)等集装箱码头公司,专门为汉堡港口量身定制的。

该信息平台汇集的数据包括各码头规划和登记的泊位、船舶在易北河上的位置状态信息(根据易北河引航员发出的航行通告,从德国湾的出发直至靠泊)、拖船和系泊人员的工作任务以及德国联邦海道测量局(BSH)发布的水位预测[32]。

3.2.2.3 鹿特丹港 Pronto 系统

(1) Pronto 简介

对于每一次的船舶靠港,许多不同的操作均须在准确的时间点上完成。通过交换船舶到港的计划时间、预期时间与实际时间,可使船舶靠港更智慧、更高效,并更快地完成靠港操作。Pronto 是一款应用程序,基于国际标准,为航运公司、代理商、服务供应商和运营商提供了一个联合平台,用于交换与船舶靠港相关的信息,航运公司、代理商、码头和其他服务供应商可以应用它进行基于标准化数据交换的计划优化、执行与监控船舶靠港期间的所有活动。

2017 年处于开发阶段的 Pronto 完成了广泛测试,在此基础上可由港口社区付费或提供数据进行使用。2018 年 4 月鹿特丹港务局发布了 Pronto 应用程序的第一版。在支持每年停靠鹿特丹港的约 30000 艘船舶的效率提升方面,Pronto 做出了重要贡献。该应用将停靠该港口的船舶等待时间平均缩短了 20%,还可提升港口码头容量的利用效率,并精确计划和协调一系列的船舶服务,包括加油、维修和物料供给。此外,Pronto 还直接支持港口减少了二氧化碳排放。系统布局如图 3-5 所示。

(2) Pronto 支持准点航行

海上运输每年排放约 10 亿吨二氧化碳。"准点航行"将显著减排。消除不必要的提早到港将降低航速并减少燃料消耗。并且还可以减少在港口附近的锚泊时间,这对二氧化碳排放有很大影响。Pronto 可在船舶到港前监控其最佳航速,并在船舶要提早到达引航员登船点时发出警报。现在 Pronto 为航运公司开辟了新的视角,可显示船舶的实际航速、理想航速以及可能减少的燃料消耗和二氧化碳排放。

图 3-5　系统布局图

（3）Pronto 运行方式

①Pronto 的共享平台服务于航运公司、代理商、码头运营商和其他服务提供商之间关于船舶靠港的信息交换。各参与方可以直接使用 Pronto 系统，也可以通过 API 接口直接将数据导入到自己的系统中。

②一旦获知船舶的预计到达时间（ETA），就可在 Pronto 中为该船舶指定其时间表。该时间表会详述船舶抵港、靠泊直至离港期间涉及的所有事件或活动。

③Pronto 将公共数据、参与公司提供的数据以及通过人工智能技术进行的预测相结合，以最准确地显示船舶靠港相关信息。Pronto 系统不会透露任何有关船舶货物的信息。

④这些信息被显示在一个定制化的主界面中，以方便用户筛选可用的数据，并根据其需求放大显示某次船舶靠港的时间表。借助这些信息，用户可以以前所未有的效率，规划和执行其业务。

⑤多种事件的进展和状态会在主界面上持续更新。用户可通过主界面监控进展并依其需要调整进程。在相关状态更新或计划更改时，用户可根据其意愿设置自动提醒。

⑥Pronto 的开发参考了"船舶靠港优化工作组"制定的相关港口信息标准。

（4）Pronto 成效

应用 Pronto 可使船舶靠港的所有相关活动均以最为有效的方式进行规划、执行和监控，为有关各方创造效益。

①航运公司：缩短船舶靠港周转时间，提升可预测性，降低燃油费用和船舶租

赁成本,减少每次船舶靠港的二氧化碳排放。

②码头:通过改善周转时间和减少等待时间来提高码头利用率。

③代理商:得益于清晰精简的沟通以及降低了获取状态更新的电话沟通量,有更多时间为客户提供服务。

④物流和航运服务供应商:依靠提升后的预测能力及对实时状态的快速掌握能力,可为用户提供更好的服务。

⑤港务局:提高了可预测性,提升了货运量,并减少了二氧化碳排放。

3.2.3 多式联运信息平台

1)概述

集装箱多式联运是指将集装箱水路、公路、铁路等不同的运输方式有机地结合在一起进行一体化运输,实行全程运输、一次托运、一单到底、一次收费、统一理赔和全程负责的一种门到门的高级货运组织形式。它可以简化通关、托运、结算及理赔等各种手续,节省人力、运输成本和有关费用,缩短货物运输时间,降低货损货差,提高货运质量,提高运输管理水平,实现运输合理化。

集装箱多式联运的实现,需要良好的联运信息系统支撑,从而实现多种运输方式的"无缝衔接"和"一体化"运作,提供全程一体化的货物运输信息服务。目前,多式联运信息系统在发达国家应用十分成熟,如欧洲区域多式联运实时信息平台主要依托泛欧运输网络及欧洲铁路交通管理系统为欧洲重要港口与铁路货运站提供区域多式联运服务;美国货运实时信息系统主要运用在新泽西与纽约之间的区域多式联运,支持码头、船舶等作业信息流转,为港口社区提供"一站直通"式服务。以下以中国宁波舟山港集装箱海铁联运物联网应用工程为例,介绍多式联运信息平台功能、特点及实施效果。

2)案例介绍

宁波舟山港集团铁路集装箱运输始于2009年,随着海铁联运业务发展,海铁联运信息服务等软件条件与港口的管理、生产和服务需求产生较大的矛盾,迫切需要海铁联运在信息开放、数据交换等方面会有重大突破,实现海铁联运全程联网监控和物流信息的无缝衔接,加强集装箱海铁联运信息共享效率和质量,提高业务协同水平和服务效能。基于此,宁波舟山港开展了集装箱海铁联运物联网应用工程建设。

(1)主要功能

①海铁联运计划管理。海铁联运计划管理系统是业务应用的核心,通过构建海铁联运业务互联主线,实现港铁取送车、铁路计划申报、港站装卸车、口岸协同、

车队驳箱、堆场提还箱、口岸监管协同管理和信息监控预警等业务功能。

海铁联运计划管理系统通过驳空、驳重计划安排和执行情况连接转码头高效运输系统;通过港铁计划、装卸车报告连接港铁生产业务系统;通过日计划申请批复、运单、货票等与国铁系统相连,可获取 RFID 的信息,准确取得集装箱到达和出发状态,为地理信息系统提供全程跟踪信息。海铁联运系统间数据逻辑关系如图 3-6 所示。

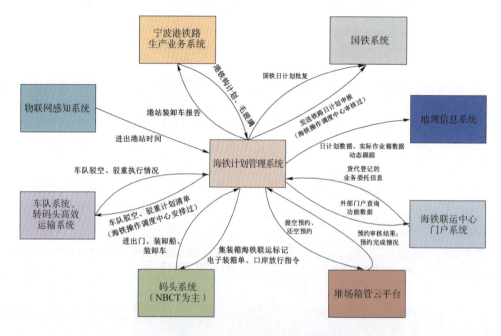

图 3-6 海铁联运计划管理系统与相关系统逻辑关系图

②港口铁路生产业务管理。宁波舟山港集团拥有自主经营的港内铁路体系。通过宁波港铁路生产业务系统建设,实现港口铁路计划管理、调度管理、行车管理、货运管理、机车无线管理、费收管理、现场移动终端应用,实现从客户→合同→计划→调度→作业→计费→绩效→财务→统计的整个业务价值链。系统界面示例如图 3-7 所示。

③铁路港站生产业务。包含了堆场管理、火车管理、作业控制、无线终端、闸口管理、预约服务、铁路管理、费收管理等功能模块,全面涵盖了港站的装、卸、进、提等生产业务,为铁路港站生产作业提供有力的信息化支撑。系统界面示例如图 3-8 所示。

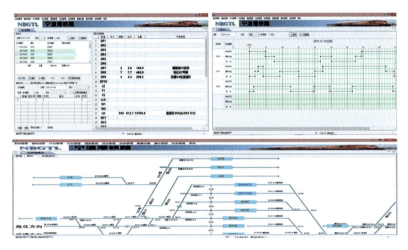

图 3-7 港口铁路生产业务管理系统界面示例

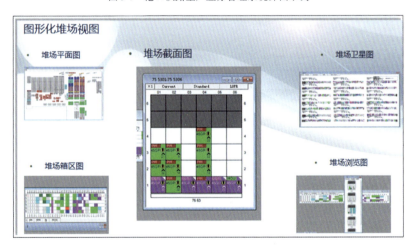

图 3-8 铁路港站生产业务系统界面示例

④转码头运输管理。主要服务于海铁联运集装箱在公路通过集卡转运的作业,系统全方位采集船舶、车辆、集装箱、道路交通等物流信息,以信息共享、业务协同和智能调度为特征,通过优化和整合港口、船代、货代、场站、车队的业务流程和信息系统,将转码头运输各环节的物流和单证流信息电子化,构筑连接转码头物流链各节点信息交换平台,实现转码头物流链上相关单位的信息共享、业务协作及可视化监控,通过智能调度算法的实施和应用,提升集卡转码头拖运效率。

⑤无水港箱管云服务。鉴于宁波舟山港无水港数量较多,业务具有一定相似

度,独立部署会形成资源的浪费和运营维护的压力,依托云技术提供的软件即服务(SAAS),统一为各无水港以及堆场提供箱管业务,实现集装箱堆存信息共享和统一管理,包括通用服务:箱管中心、预约服务、移箱管理、闸口管理等,以及定制服务:商务管理、费收管理等。通过系统建设,使各无水港成为在铁路沿线地区有效调拨集装箱的关键载体,有效解决海铁联运集装箱在内陆地区的供给需求。系统界面示例如图3-9所示。

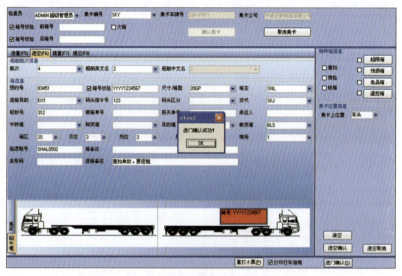

图3-9 无水港箱管云服务系统界面示例

⑥地理信息综合服务。构建全国路网图、电子海图和港区测绘地图的"三图合一"港口空间资源,实现了铁路、公路、水路的全过程物流业务协同可视化集成应用和展示,为客户提供可视化信息服务和全程物流动态跟踪。

(2)技术特点

①构建集装箱海铁联运物联网感知体系。以 RFID、全球定位系统、铁路车号自动识别系统为支撑,构建海铁联运示范线路的智能感知系统,实现对集装箱运输状态信息的实时监测,以及装船、装车、倒箱、换装等关键作业环节的智能化管理。

②建立集装箱海铁联运信息协同新模式。建设集装箱海铁联运信息协同交换平台,共享铁道数据资源,并与船公司、船代、货代、运输公司、银行和保险等方面的系统对接,实现集装箱海铁联运请车、跟踪、交易、订舱、仓储、运输、签约、投保、支付等环节的业务协同、信息共享。

③加强集装箱海铁联运机制创新。以工程为依托,协调整合铁路、水路两方面

的信息资源,探索建立开放、一体化的集装箱海铁联运业务协同模式,以及良性、长效的数据共享机制,最终实现集装箱"一次托运,一份合同,一次支付,一次通关"的"门到门"一体化运输。

④加快建立海铁联运物联网标准规范体系。完善集装箱海铁联运物联网技术应用标准体系,研究制定数据采集传输技术标准、业务数据交换标准等,指导和规范集装箱海铁联运物联网技术应用和建设。

(3)实践成果

①业务协同,运营高效。海铁联运工程整合包括货代、铁代、码头、港内车辆、港站、港铁及无水港等所有与海铁联运相关的客户及业务操作,提供宁波舟山港海铁联运中心的业务监管功能,实现"统一申报、业务协同、集中监管、运营高效"的目标。通过宁波-绍兴、宁波-温州等10条班列的运行,建立各业务方的衔接联动机制,使宁波口岸集装箱海铁联运综合效益得到提高,集装箱海铁联运市场竞争力显著增强。2019年,宁波舟山港集团集装箱海铁联运量已达80万TEU。

②港铁联动,全程可视。海铁联运工程实现铁路和港口两大运输实体的业务联动、港铁与国铁之间基于生产业务和物流运输的信息畅通,形成覆盖二大运输实体的全程物流信息网络,并通过基于中国全国道路地图、东部沿海电子海图和港区测绘地图的地理信息综合系统进行展示,多时空维度地展示海铁联运业务可视化信息,为客户提供全程一体化的货物跟踪信息,提升物流节点的供应链增值服务能力。

3.2.4 物流增值服务

2018年中旬,DAKOSY公司推出了新平台myboxplace.de,以接替"虚拟仓库"(Virtual Depot)。该平台自2016年以来由汉堡港务局(HPA)为汉堡港运营。该平台已整合至汉堡港的进出口平台(IMP和EMP),并提供电子数据交换(EDI)界面,使客户能够显著优化空集装箱的再利用流程。

该平台的客户群体包括包装中心、货运代理、进口商和出口商,当然还有集装箱运输公司。其目的是减少空集装箱运输,节省时间和经济成本。以前,包装商或货代在拆箱后将其进口集装箱运至空集装箱堆场。这些集装箱将一直保留在堆场里,直到其他物流公司需要出口再将其运走。myboxplace.de会使这一过程更加精简。

在一定时间内,包装中心将拆箱后的进口集装箱,作为可用的空集装箱,提供给在线平台。如果另一个物流供应商在规定的时间内预定了该集装箱,只要承运人同意通过该平台进行交换,则可以直接将集装箱运输给下一个用户,中间无需停经空集装箱堆场。一次顺利交接将节省一次空集装箱运输,即到空箱堆场的运输。如果可用的进口集装箱被同一家公司直接用于出口,则对所谓的集装箱"再利用"更为有利。这会完全避免实际运输过程,并为客户节省成本。

"虚拟仓库"自2016年以来由汉堡港务局(HPA)为汉堡港进行运营。作为该平台的接替,2018年7月DAKOSY公司开始运行myboxplace.de平台。DAKOSY计划会很快将此平台集成到汉堡港的进出口平台(IMP和EMP)中,并提供电子数据交换(EDI)界面,使客户得以极大地优化空集装箱的再利用流程。该平台未来将应用于整个欧洲,并且不仅限于港口及其周边[33](图3-10)。

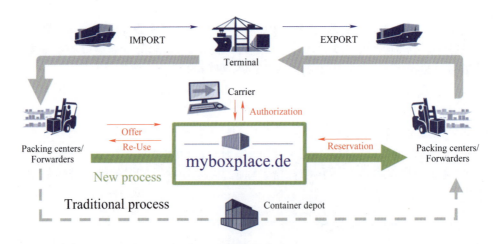

图3-10 myboxplace.de架构示意图

3.2.5 基于区块链技术的物流信息平台

DAKOSY(作为主要合作伙伴)与汉堡工业大学物流与企业管理研究所正共同开展ROboB项目(基于区块链的订单发布),该项目是德国联邦运输和数字基础设施部(BMVI)资助的创新港口技术(IHATEC)项目的一部分。该项目的合作伙伴包括来自航运界的知名代表(货运代理、承运人和码头运营商)以及若干行业协会,以确保对项目开展可行与可靠的评估。

该项目聚焦于高价值集装箱运输订单发布过程中的信息流转——流程中所有相关方均交换相关订单,如委托某物流公司提取某集装箱。项目合作伙伴希望利用区块链提供一个公共数据库,来提高访问效率和安全性。它应用恒定的电子签名,而该技术又使用了密码技术和一致性算法[34]。

3.2.6 通关便利化

3.2.6.1 国际贸易单一窗口

(1) 概述

口岸通关涉及不同的机构和复杂的程序,包括进出口商、公路运输部门、铁路运输部门、海运公司、货运代理人、保险公司、海关、检验检疫、码头、政府和其他官方机构外,还要办理各样的手续和报关单证,复杂的通关程序、手续、单证和操作使口岸通关的运作效率受到许多负面的影响,已经成为通关便利化的技术壁垒。

在精简监管证件、缩短过境滞留、建立诚信伙伴关系等诸多推进通关便利化措施中,国际贸易单一窗口越来越受到国际组织和各国的重视,并成为落实通关便利化、提高国家竞争力的主要行动内容。目前,已有40多个国家和地区相继建立了国际贸易单一窗口,实现了国际贸易及口岸通关的便利化。以下以中国国际贸易单一窗口为例,介绍系统功能、特点及实施效果。

(2) 建设背景

中国国际贸易单一窗口建设一直受到中国政府的高度重视,2013年,在世贸组织巴厘岛会议上中国政府承诺,于2017年建成中国的国际贸易单一窗口。随后,中国上海、天津、福建等省市利用外贸港口、自由贸易区及跨境综合区等优势,充分依托已有电子口岸平台,迅速推动国际贸易单一窗口,2014年6月,中国(上海)国际贸易单一窗口率先上线运行,2017年1月,中国国际贸易单一窗口建成。

(3) 主要功能

中国国际贸易单一窗口分为标准版和地方版,国际贸易"单一窗口"标准版侧重共性功能,由国家推动建设,国际贸易"单一窗口"地方版在标准版的基础上,增加个性化服务内容,两者数据共享共用。国际贸易"单一窗口"标准版主要涵盖:货物申报、舱单申报、运输工具申报、企业资质办理、许可证申报、原产地证、税费支付、出口退税、查询统计等九大核心应用。

①货物申报:货物申报实现一般进出口货物向海关申报,同时实现各类通关状态信息的查询。同时提供报关单修撤单功能,实现企业修撤单的网上操作。

②舱单申报:舱单申报实现原始/预配舱单、理货报告、运抵报告、装载舱单、改靠港申请、落装改配申请、分拨分流申请、空箱调用、国际转运准单等单证信息一表录入(或导入)分别向海关申报。

③运输工具申报:船舶运输工具申报实现了船舶代理单位备案、运营单位备案、船舶信息备案、进出境(港)动态申报、进出境(港)单证申报、在港移泊申报、供

退物料申报、船供申报等功能。

④企业资质办理：企业资质办理实现商务部的对外贸易经营者备案、海关总署的海关注册登记等企业备案功能，实现从事外贸进出口的企业通过单一窗口一点接入、一次提交资质申请及变更信息，各监管部门接收并审批后，将审批结果通过单一窗口统一反馈。

⑤进出口许可证申领：实现农业农村部监管的农药进出口许可证、环保部监管的有毒化学品进出口许可证、商务部监管的机电/非机电进出口许可证、林业部监管的濒危动植物进出口许可证等核心单证申报功能。

⑥原产地证申领：涵盖原产地签证业务功能，实现国际贸易企业通过单一窗口一点接入、一次提交满足口岸监管部门要求的原产地签证信息，管理部门按照确定的规则进行审核，并将审核结果通过单一窗口统一反馈，便于企业查询。

⑦税费支付：税费支付实现企业、银行和海关三方协议签约、解约、税单信息查询、税费支付、关区备案信息查询等功能，为实现海关税单无纸化奠定坚实的基础。

⑧出口退税：出口退税实现退税企业资质备案、报关单结关数据采集、发票数据采集、数据申报校验、退税数据汇总等核心功能；单一窗口支持企业一键获取报关单结关数据及发票数据，实现企业退税数据"零"采集，有效降低纳税人负担。

⑨查询统计：基于"单一窗口"各子系统已有的各类历史业务数据，对国际贸易相关的各项业务数据进行加工处理，形成各类指标和结果数据进行统计计算、监测预警、实时分析和可视化展示。

（4）技术特点

①统一数据元：遵循国际通行做法，形成定义明确并经简化处理的"单一窗口"数据元目录，建立数据协调和简化长效工作机制。

②统一数据管理：基于数据资源共享目录，建设数据共享平台、完善数据共享机制，在确保数据安全前提下，推进成员单位间信息共享。

③统一门户：统一界面、统一标识、统一域名规范、整体命名"中国国际贸易单一窗口"，各地平台面对企业登录界面命名为"中国（××）国际贸易单一窗口"。

④统一认证：统一"单一窗口"的用户管理和身份认证，分步实施，从而实现一次注册、全国通用。

（5）实施效果

截至2018年底，国际贸易"单一窗口"标准版实现了与25家国家部委系统对接和共享，覆盖全国所有口岸和特殊监管区、自贸试验区、跨境电商综试区。"单一窗口"注册用户累计达到220多万家，日申报业务量500余万票。

3 智慧物流供应链与增值服务

3.2.6.2 深圳鹏海运平台
1) 建设背景

传统的海运物流涉及的参与角色多，业务流程烦琐，缺乏统一的模式与标准，严重降低了集装箱海陆运接驳的流转效率。同时，沟通信息与数据信息不对称、关键环节信息盲点众多、生产资料浪费等行业问题，也制约了行业产业的持续发展。

(1) 数据格式、业务流程标准不统一

对深圳港来说，四个港区所属的运营主体不同。其中，盐田港区是和记黄埔旗下港口，赤湾和蛇口港区是招商局旗下港口，大铲湾码头则由香港现代货箱码头邮箱公司和深圳大铲湾港口投资发展有限公司共同建设运营。这种分散的港口管理模式使得深圳港各港区之间的数据格式、提还箱等业务流程与标准并不统一，给货运企业、港口企业带来不必要的负担。

(2) 提箱效率低，空箱供需不均

由于拖车司机与船公司之间信息不对称，提柜信息不能及时传递，加上码头及堆场作业单证标准不统一，拖车司机空跑的情况时常发生。此外，由于盐田港区对集装箱需求量极大，空箱供需极不平衡，给堆场和码头的调配造成极大的困难。

(3) 业务管理线上化程度低

传统模式下，海运的信息流、物流、资金流难以协同，现场办理业务效率低，安全性差。深圳港作为国际大港、国际贸易的重要节点，这也对港口的管理和运维提出了更高的要求。升级传统纸质单证交换模式、加快业务管理线上化，成为助力建设深圳国际贸易单一窗口、提高深圳通关便利性的关键。

2) 平台架构

鹏海运平台首先搭建了平台数据支持模块，其次运用数字数据网（DDN）、软件定义网络（DON）等数据网络技术与海关、海事局、港口、船公司、代理公司等相关企业进行合作，建立 EDI 交换网络，统一数据格式与业务流程，目前，平台已经基本打通行业上下游产业链，并对港口部分业务进行转型升级。除了建立数据连接与标准化外，鹏海运对拖车业务重点整合，对提还柜流程进行监控管理，以此改善深圳港拖车行业效率低下的问题。平台架构如图 3-11 所示。

3) 主要产品

鹏海运开发的功能产品主要有 EDI 数据服务平台、EDI-BOOKING、数据传输与服务平台、海运集装箱辅助管理系统平台、电子 EIR 网上办单平台、港口外堆场公共提还箱预约登记系统平台、集装箱运输提还柜单信息化平台、"单一窗口"通关服务平台、港口电子支付与结算系统等八大主要产品。利用这些数据信息平台和业务管理平台帮助深圳港实现港口信息化程度提升以及电子口岸的建设发展（图 3-12）。

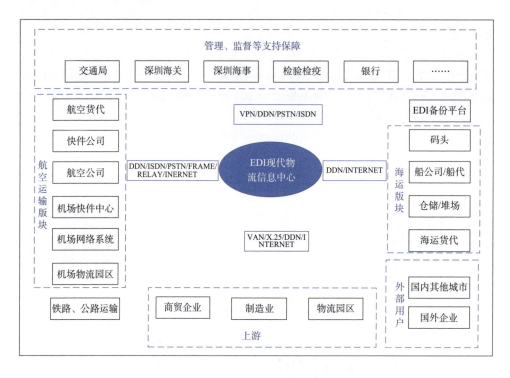

图 3-11 平台技术模块架构示意图

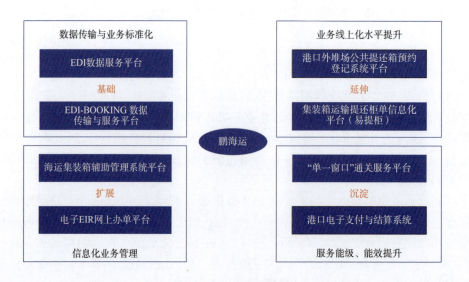

图 3-12 鹏海运产品模块

3 智慧物流供应链与增值服务

其中,EDI 数据服务平台、EDI-BOOKING 平台为数据信息交换提供了支持与保障;海运集装箱辅助管理系统平台是在数据对接的基础上建设的集装箱在线管理工具;电子 EIR 网上办单平台实现了实时查询集装箱提还柜的情况,并可预约码头、堆场的提还柜;港口外堆场公共提还箱预约登记系统平台则实现了网上预约登记外堆场提柜及相关缴费操作功能;深圳港集装箱运输提柜单信息化平台属于无纸化办单平台,能够实现在线发单、接单;"单一窗口"服务平台提供了国际贸易所需的申报、通关、退税以及金融等各项服务,是为深圳港建设单一窗口与电子口岸的重要抓手;港口电子支付与结算系统实现了在线支付,并支持多种结算方式。

4)项目实现的主要功能

鹏海运平台的功能设计整体以港航企业的降本增效为核心展开,主要为信息提供与可视化、集装箱调配、拖车订单线上撮合及配合"单一窗口"提供保障服务等。

(1)精准的海运物流数据信息提供

鹏海运通过与交通部、各船公司进行数据接口对接,加上电子箱管平台中的信息和 EDI 报文中的单证状态等信息作为辅助,对数据进行融合、加工后,提供集装箱动态数据信息的查询、监控、预警、追踪处理等相关数据领域的服务,同时实现对异常情况的预警反馈机制,以此帮助企业降本增效(图 3-13)。

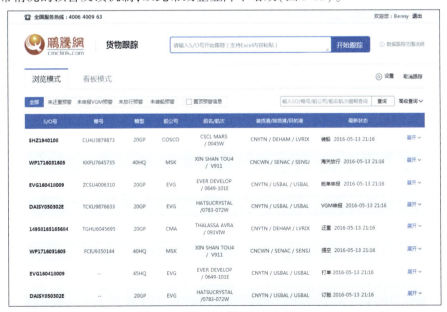

图 3-13　鹏海运官网海运数据信息界面

(2)智能箱管调配与拖车交易撮合

鹏海运平台通过对船公司、码头、堆场等箱柜数据信息进行汇总整理,并运用基于位置服务(Location Based Services,LBS)等技术手段,结合空箱调运实际业务需求及专家决策支持提供最优的箱柜调配方案,同时对调配运输信息实施全程的电子化、信息化、智能化传输,帮助企业实现降本增效。

此外,为平衡深圳港区箱柜需求,实现运力合理利用,鹏海运平台通过为拖车提供进港预约服务,整合深圳港区的拖车运力,分析深圳东西部港区之间以及港区内部箱柜调配的实际需求,汇总并挖掘可调配运力,并上线"易提柜"平台。在该平台,调度员在线向司机派单替代纸质提/还柜单的派发。司机则能在平台在线接单、在线查询提还柜地点、在线提交资料等(图3-14)。

图3-14 鹏海运平台拖车配载界面

(3)"一站式"报关、通关操作服务

依托深圳"单一窗口"平台建设,鹏海运以数据共享为基础,在信息交换、单证交接、业务规范等方面发力,并逐步在口岸政务、口岸金融、口岸物流等领域拓展"通关+国际金融""通关+物流"的贸易延伸服务模式,实现了在线查询信息、在线预约服务、在线撮合业务、在线支付结算等功能,提高了深圳港对外服务、对内管理的信息化水平。

5)项目推行的效果

在合作客户方面,鹏海运用户群体涵盖深圳盐田、蛇口、赤湾、大铲湾以及"珠三角"地区50%以上的码头与外堆场企业,已与30多家航运企业,2000余家拖车运输公司,8000余家船代、货代机构建立了合作关系,服务的进出口制造业企业超过 60000 家；在 EDI 传输方面，平台日单证、报文处理规模超过 100 万单；在集装箱管理方面，目前，已有 18 家班轮公司通过鹏海运进行放箱管理，并使用统一的 EIR 单证，业务覆盖深圳 85% 出口箱量；在 EIR 网上办单业务上，深圳港区范围内 95% 以上，超过 2000 余家拖车运输企业都通过平台办理进出口集装箱运输的设备交接单的业务；在外堆场预约业务方面，深圳地区的市场覆盖率已经达到 100%；"易提柜"司机注册使用人数超过 20000 名，拖车运输企业超过 2000 家，港区业务实际覆盖率接近 65%；单一窗口方面，平台注册企业 6.3 万余家，业务单量占全国系统的 13.9%，其中，货物申报、海陆空运输工具、空运舱单覆盖率均达到 100%，业务综合覆盖率已达 80% 以上，月度平均报关申报进出口业务总额近 500 亿美元。

此外，鹏海运在满足深圳本地行业发展需求的同时，也将平台建设理念与用户使用价值向珠三角地区其他港区用户进行传递，并且在广州、香港等港区启动联动试点，推动粤港澳湾区在海运物流信息系统领域的标准化与协同化发展。同时，也对天津港、香港港、黄埔港、南沙港在内的中国港口实现通关便利、建设智慧港口提供了经验。

3.2.7　综合性贸易—物流—通关平台

随着社会经济的发展和工业化进程的不断加快，港口已经从 20 世纪 50 年代中期以前具有运输枢纽、货物装卸与存储的运输中心，发展成如今具有多式联运功能的货物、信息流动与分配的物流活动中心，并向全球化生产、销售等供应链重要节点的全球资源配置枢纽发展。

基于港口功能定位和港口物流业务发展方向，港口需要打造支持其国际物流中心、国际资源整合及供应链服务定位的新一代港口物流信息平台。港口物流信息平台结合物联网、云计算等新技术的建设和推广，有机地实现各个业务平台的融合，及时、准确地获取物流运输状况，实现统一的信息共享和发布、供应链整合与服务、对内作业处理的协调和控制以及对外一站式的电子商务。以下以大连港、上海港、马赛福斯港等港口为例，介绍智慧物流贸易服务平台功能、特点及实施效果。

3.2.7.1　大连港"壹港通"智慧物流跨界服务平台

为建立以客户服务为导向的全新港口物流业务模式，实现港口升级，打造港口供应链新生态，推动港口集团从单纯的装卸运输服务向复合港口供应链服务模式转变，2018 年，大连港开展了"壹港通"智慧物流跨界服务平台建设。

大连港"壹港通"智慧物流跨界服务平台以面向客户服务应用场景为导向，基于不同客户，提供全方位、差异化、个性化、立体化的业务服务和信息服务，建设聚焦"衔接、协作、互换、联动"的六大港口物流智能化业务处理中心，形成具有"信息广泛互联、资源优化配置、业务协同联动"的港口物流新生态。系统界面如图3-15所示。

图3-15 大连港"壹港通"智慧物流跨界服务大平台系统界面图

（1）系统功能

①智慧物流"壹港通"跨界服务。建立贯穿物流链全程、实现物流资源整合与系统集成应用的智慧物流跨界服务大平台，实现包括业务受理、物流协同、运营作业、财务结算、口岸监管、金融商贸等在内的业务服务全方位、立体化和个性化需求匹配与支持，增进内外部客户服务的业务与流程创新，提升港口物流链整体服务能力。

②统一业务受理。基于港口物流作业业务流程标准化、电子化，实现港口生态圈中多种业务咨询的信息化服务；基于港口物流链无缝连接和信息集成共享，实现高度集中的、功能完善的、不同模式的物流设计方案提供；实现船舶进出港、操作一体化、多式联运等基于"一单制"的全程物流链业务委托与受理；实现港口客户业务委托电子订单的生成、派送、存证、管理和查询。

③上下游产业链物流协同。基于对港口产业链上下游企业信息系统的对接，实现港口产业链信息快速传递与共享，实现物流供应链的流程优化；搭建贯通物流全程的交互通道，实现协同商务服务、多式联运管理、全程物流跟踪和数据统计分析；基于对港口物流公共资源的汇集，建立一套完善的、合理的生产作业监控和资源调度办法，实现资源的更有效分配及更高效运营。

④一体化口岸支持。基于船舶申报数据的精准关联，实现一报多收、跨部门联

合管理和控制的业务模式;基于海关系统与码头系统电子数据的对接,实现对监管区域货物动态及仓储数量的实时监控和查询;基于船舶自动识别技术(AIS)和AIS海图跟踪功能,实现对船舶全部航行动态的跟踪;基于对监管业务流程的重组和优化,实现集海事、港口管理部门在内的、统一的危险品运输联网口岸监管。

⑤电子化财务结算。基于对码头及物流操作相关系统对接,实现港口物流链各环节费用账单的汇聚,统一向港口客户提供费用查询、核算等服务;基于银企互联系统建设,为金融服务机构提供接口接入;实现企业账单及客户在港口物流业务中各项费用账单的统一查询、确认、导出和对账。

⑥高效智能运营。实现港口物流链各环节预约申请的同平台统一运作,提升相关物流环节的操作效率,降低等单、取单等人工成本;实现港口生产作业指挥管理、应急管理等多重职责,实现港口生产的统一调控;实现核心生产操作系统自动化和智能化的升级改造;实现危险品管理系统的升级改造,并打通各系统间的数据通道,整合基础信息、动态信息、自动化设备等。

⑦一站式客户服务。基于大数据处理和商业应用,实现按板块、区域、货种归类的统计分析、趋势预判和精准营销;实现全程物流及跨境物流电子化服务体系的构建,向货主、船公司、船代、场站、车队等物流作业单位提供覆盖海、公、铁等多种运输方式的作业支持;实现以呼叫服务中心为先导,以业务专家服务团队为后盾的标准化客户服务模式,提供一站式服务解决方案;实现基于移动互联网的APP应用服务,以及公共信息查询和定制化的港口生态环境服务。

(2)技术特点

平台技术特点包括:打造了基于云计算技术的互联网架构,通过领域驱动设计理念构建了基于微服务的中台服务架构利用大数据技术建设数据平台实现了数据中台服务,借助API技术,推动了物流链上下游环节间数据交换与共享,利用区块链技术,建立了可靠、稳定、具备公信力的电子信息存储与交换体系。

(3)实施效果

①提升物流链效能。建立业务受理中心,开创港口集中受理、统一结算新模式,实现网上受理率达90%以上,年节约成本1500万元;优化放箱流程,实现全程电子化、无纸化改造,单证流转由6小时缩短至3分钟,年节约成本4000万元;车辆入港前,提前备案、入区提前申报,接受海关二维码通行,车辆过保税卡口缩短2小时;通过查验时效辅助作业系统,实现查验单据电子化、查验网上办理及全程跟踪,备时长35小时缩至14小时,年节约成本500万元。

②提升服务附加值。通过一站式业务受理、结算支付、大数据支持,创新港口服务模式,提升客户服务水平。通过电子商务、电子政务、信息服务的有机整合,将

港口物流、电子口岸、支付结算、信息查询变为平台之上的多种应用,创新港口服务模式,为客户提供个性化、多元化的更具价值的优质服务,提升客户服务水平。

③提升贸易便利化水平。优化口岸通关监管,提高贸易便利化水平。通过对2018年部分功能的线上运行统计,出口整体通关时间(货物运抵海关监管区至报关单单证放行时间)6.94小时,与2017年相比,压缩了58.96%。进口整体通关时间(货物到港至货物允许提离时间)26.57小时,与2017年相比(126.14小时),压缩了78.94%。

④节约成本与环境改善。每年可为港口各物流参与方降低成本超1亿元。每年节约能源1.5万吨标煤,减少碳排量3.2万吨。

⑤业务生态互联互通。口岸各类实体单位及机构100%全覆盖。其中:船东企业16家、船代企业320家、港外场站68家、仓储企业30家、货运代理2316家、理货公司5家、车队企业279家、码头公司36家、银行13家、班列经营人1家、航空公司1家、口岸监管单位90家。

3.2.7.2 上港·港航纵横

1)项目建设背景

当前,在互联网、大数据等新技术的普遍应用背景下,全程物流无纸化运输成为国际航运新的发展趋势,港口要想打造全程物流产业链的数据节点,就需要通过建设港航公共服务信息平台来实现数据资源的一体化整合与应用。上海作为连接长江广阔经济腹地与世界的重要口岸,迫切需要有标准化的信息平台带动整个长江流域的信息化建设,同时为未来的全程物流产业链数据的互联互通打下扎实的基础,提供行业标准接口、提供行业数据管理制度。

(1)企业存在的痛点

各码头的信息系统规划不一、各自为政,造成诸多弊端,带来各种问题:

①业务流程的规范问题。例如不同的驳船代理之间,相同的驳船不一定有相同的船名;而同一航次干线船的航次表述方式也不尽相同,这对各港口之间的作业衔接形成了障碍。

②电子化单证体系的规范问题。在支线集装箱运输业务电子化应用中,存在一系列的单证体系规范较为复杂的问题,如业务过程中涉及的单证复杂、单证上下游关系复杂、单证记载信息不成体系等。

③电子单证标准问题。随着支线集装箱运输市场的日益成熟,企业之间必须有一个统一的电子数据交换标准。上海已经实现了母港和长江投资码头的信息化工作,下一步就需要在此基础上构建电子单证标准,进而推动整个长江流域港航企业的信息化标准建设。

3 智慧物流供应链与增值服务

(2)建设目标

"港航纵横"的建设是为了建起一个覆盖面广、数据有效性高的电子数据交换网络。未来,"港航纵横"将进一步推进长江支线的信息化建设,聚焦长江港航公共服务平台八大功能,实现注册用户的数据标准化、平台数据交换服务、大数据集中、门户建设、船舶实时信息跟踪、移动端开发、个性化服务及其他增值服务,让大数据更好地服务港航企业,推动长江沿线港航领域信息化水平。

2)项目实现的主要功能

2017年2月,上港集团推出一站式查询服务网站——"港航纵横"。与此同时,上海港本地码头的公共查询停止。"港航纵横"整合上海港本地7家集装箱码头以及上港集团在长江支线8家码头、内河支线2家码头的数据,均可全程跟踪、一站式查询。

"港航纵横"平台汇总了港口以及上下游链条上的大量数据,包括支线经营人的驳船船期、装载清单、运力发布等;码头的标准化信息;干支线以及穿梭巴士靠离泊信息、集装箱装卸动态、报文信息等;海关的放关信息;大船公司以及代理的干线船期、仓单、船图;货代的订舱托单信息、装箱单信息;车队的集卡运输箱信息等(图3-16)。

图3-16 港航纵横界面

"港航纵横"共有六项功能:

(1)船期查询:提供上海港集装箱码头的出口箱开港计划、船代理申报船期、集装箱码头靠离泊计划三大部分;

(2)箱货查询:提供箱、货、放行、预录、计划等查询内容,提供上海港投资的长江流域码头的箱信息内容,并提供全程跟踪;

(3)VGM 称重信息:提供上海港集装箱码头提供的出口重箱称重记录下载;

(4)放行信息:提供通过 EDI 发送的海关放行报文的查询内容;

(5)装箱单预录:提供出口重箱装箱单 EDI 预录信息内容查询;

(6) EDI 和海关:提供码头出口运抵报文信息、海关放行报文、海关通关宝等信息查询,并提供各大业务相关网站链接,包括亿通网、海关通关宝、各家集装箱码头、各家航运企业网站的链接(图3-17)。

图 3-17　港航纵横,功能全解析[35]

3) 项目推行的效果

2019 年,港航纵横平台已建立信息共享机制,统一数据交换标准,链接上海港本地 8 家专业集装箱码头及长江流域沿线 14 家集装箱码头,并链接意大利与日本部分港口,实现船、箱、货全球实时跟踪查询的免费信息服务,日均点击量超 100 万次,年查询量超 3 亿次,峰值达到 140 次/秒,总用户数超 14.5 万,实现全物流跟踪可视化+箱动态标准化查询。

4) 克服的障碍

(1) 基础数据标准化、时序问题。各个独立系统间基础数据的标准化是平台化开发的最大的难点和基础点。

(2) 数据的盗链和反爬虫工作,借助于工具和流量的监控,对于网络安全的保障是一大难点。

3.2.7.3　马赛港 Ci5 单一窗口系统

作为法国第一大港口,马赛福斯港(Port of Marseille Fos)旨在建设南欧门户港及欧洲北方港口的替代进出港。作为综合货运港口,福斯港运输各类货种,包括碳氢化合物和散装液体货物(油类、天然气和化工品)、普通货物(集装箱及其他包装货物)和干散货(矿类和谷物)。福斯港拥有福斯集装箱码头附近两个物流区的一些仓库(宜家、Maisons du Monde、Geodis/Mattel 等),以及一些工业设施(炼油厂、钢铁厂、化工厂)。该港口还进行邮轮和渡轮等客运经营,每年超过 200 万乘客从马赛福斯港过境[36]。

(1) 货运智能系统建设历程

马赛港货运智能系统建设经历三个阶段,从 Gyptis 国际货运系统到 AP+ 货运社区系统,以及目前的 Ci5 货运智能系统[37]。

马赛 Gyptis 国际货运系统(MGI)构建于 1989 年,旨在管理和支持港口货物转运。MGI 的股东是港口贸易协会和马赛福斯港务局的代表,他们也是该系统的主要用户,包括:马赛福斯海运和河运联合会(UMF)、马赛福斯货代联合会(STM)、马赛福斯和大三角洲船代协会(AACN)、法国船东协会马赛委员会(CMAF)、SEMFOS 公司、马赛福斯港务局(GPMM)。

2005 年 9 月,马赛福斯港 Protis 系统被 AP+ 系统取代,用于协调涉及货物进出口的私营和公共相关方之间的运输流程。AP+ 是与马赛和勒阿弗尔港口社区合作建设的,旨在成为法国相关系统的基准。从 2005 年到 2015 年,依靠 AP+ 货运社区系统,MGI 已嵌入 13 个港口和机场社区。截至 2015 年,法国 98% 的集装箱港口运量通过 AP+ 运输,该系统应用于法国和海外约 30 个物流社区。AP+ 是第一个三重运输模式的货运社区系统,可管理港口、机场和内陆物流社区的货物运输。

私营和公共系统都可连接至 AP+,例如船东/船代(预订进出口货物公告)、货代(管理和追踪货物)、集装箱码头(接收、装卸、货物公告、货物和海关状态,及内河驳船和铁路运输的路线计划与追踪)、所有海关系统和港务局(港口停靠管理系统、统计系统、危险货物管理系统)。

2018 年 10 月 18 日,马赛福斯港口社区由 AP+ 系统切换到 Ci5 系统,标志其由货物社区系统升级为货运智能系统。

(2) Ci5 货运智能系统目标及功能

Ci5 的主要目标是通过整合两个不同的物流生态系统(海港和腹地),来改善罗纳河—索恩河沿线多式联运的事前及事后路径规划。系统互联对象如图 3-18 所示[38]。

Ci5 是一个单一窗口系统,连接了航运领域的 15 个行业。Ci5 将私营企业(船东、货代、码头运营商、船代、托运人和进口商)与公共机构(海关或检验检疫机构)的数据相连接并加以协调,是一个真正公私数据合作平台。该系统的设计基于开源技术,可扩展性强,并且应用了大数据、物联网、智慧集装箱、智慧货运、人工智能和区块链等新兴技术。Ci5 应用区块链技术,使得系统用户在进行关键状态验证时成为受信第三方,便利了码头的货物放行[39]。

在此之前,供应链中的各方可以计划安排一辆货车前往港口,运送集装箱或提货、进行转运操作或启动清关程序。但是,如果船舶到港或卸货被推迟,则该计划将失效。应用 Ci5,可获得的信息将不再是对时间安排的简单预计,而是来自船舶或货物在途发送的可靠及被验证过的数据信息。它依靠集成到信息系统中的三个应用程序开展工作。以下是其应用的三个示例。

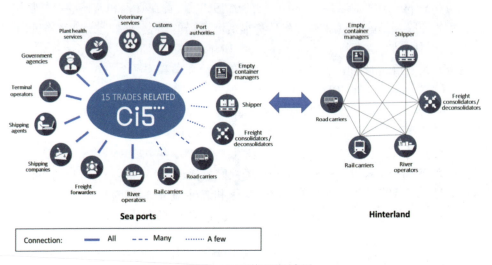

图 3-18 Ci5 系统互联对象图

①船舶跟踪。通过该应用程序,当船早于预计时间抵达或已经在卸货时,用户将得到通知,这样就可以及时准备清关了。另一方面,如果船延误了,用户可以在适当的时间重新安排承运人的任务,或者选择让他们提取已经到港的另一件货物(船舶跟踪相关应用程序是与 Marine Traffic 公司合作开发的)。

②4TRAX。4TRAX 支持集装箱智慧化运输。其中嵌入式标签可提供位置、物流状态和状况的相关信息。从货物碰撞到温度异常,一切都被追踪监控,当出现问题时也更容易厘清责任。借助 4TRAX 应用程序,集装箱可以发送其位置、状况以及在运输中遇到的任何事件的信息。货物碰撞和温度偏差会都会被记录并传输。4TRAX 是与 TRAXENS 公司合作开发的。

③地理围栏技术。任何进入关键区域的载货卡车都会收到信息,通知它们港口是否在等待其运载的集装箱,以及货物是否获准离开该区域。

(3) Ci5 货运智能系统客户端应用流程

Ci5 的移动应用程序允许货车司机在离开集装箱堆场后,立即注册集装箱封号,极大缩短了装货码头为货物到达做准备所需信息的传输时间,使港口运输更加顺畅和可靠。该移动应用程序还会记录运输方通过港口大门的时间,以计算等待时间。这些数据对于优化集装箱卡车司机的往返计划至关重要。Ci5 系统客户端应用流程如图 3-19 所示。

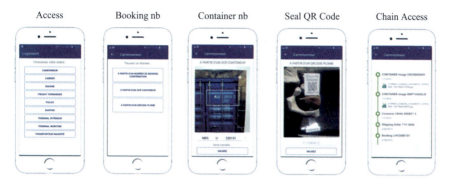

图 3-19　Ci5 系统客户端应用流程图

（4）Ci5 货运智能系统优势

Ci5 的关键优势包括[40]：

①Ci5 可多渠道使用，它整合了来自各种系统类型和信息格式的所有信息源（例如特定领域解决方案、船务公司门户网站、港口社区系统、货运社区系统和所有其他信息系统）；

②Ci5 可跨多个港口使用，跨多个港口工作的操作人员可通过单一窗口登录；

③Ci5 为多式联运系统，可处理所有运输方式的货物运输（海运、空运、陆运）；

④Ci5 集成了从货物包装到拆箱的门对门货物跟踪，这得益于连接所有专有和公共系统的软件。

3.2.7.4　荷兰 Portbase 系统

（1）Portbase 系统概况

鹿特丹港和阿姆斯特丹港于 2009 年建立 Portbase 系统。Portbase 由鹿特丹港的 Infolink 和阿姆斯特丹港使用的 Portnet 整合而成。它的目标是通过建立一站式信息交换来简化鹿特丹和阿姆斯特丹的物流链以提高竞争力。Portbase 公司是一个非营利性组织，是为切实促进物流信息交换的中立机构。

鹿特丹港和阿姆斯特丹港务局共享 Portbase 所有权。Portbase 的管理委员会及其团队负责评估 Portbase 的进展和运营，以及港口社区总体的发展。管理委员会由监督委员会和战略咨询委员会支持。两个港口局以及其他 Portbase 的主要业务合作伙伴均在监督委员会中有代表。监督委员会负责评估 Portbase 的表现，并决定其控制系统开发策略。监督委员会和 Deltalinqs 公司发起的战略咨询委员会，共同承担 Portbase 控制系统开发的责任。战略咨询委员会对 Portbase 控制系统及其待开发的有关业务，主动或应讯地提供建议。

（2）Portbase 系统功能

Portbase 为港口社区系统中的所有利益攸关方提供多种服务。如图 3-20 所示。除了 Portbase 以外，为物流业服务的其他各方也都可以为港口社区提供增值服务。Portbase 在"按服务启用"的名义下开发、管理和运营这些服务，所有服务分为以下几类。

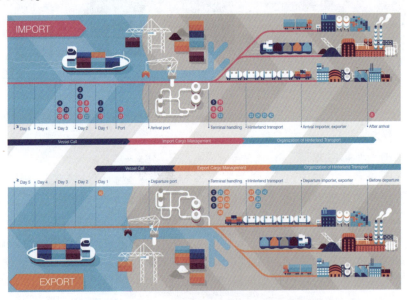

图 3-20　Portbase 系统功能架构图

①船舶停靠：散货和集装箱板块的代理商、船运公司和船舶经纪人可加速船舶停靠的物流流程。由于海关和港口主管部门等政府相关主管部门可及时获悉有关船只抵达、货物和始发国的有关情况，相关物流流程得以极大改善。相关各方之间也得到更多协调。因此，活动安排得以提前，并可事先评估潜在风险。任何检查都可以安排在船舶实际进港之前。船舶装卸时间也被进一步缩短。

②进口货物管理：代理商、船运公司、船舶经纪人，进口商和货运代理需将要进口到欧盟的货物通知多个有关当局。这适用于散装和集装箱运输。Portbase 将透明有效的信息预先传给所有相关方，例如海关和食品及消费品安全管理局等。信息的重复使用，可以进一步简化物流流程。

③腹地运输组织：港口是通往腹地的门户。公路运输运营商、驳船运营商和铁路货运商可使用 Portbase 提供的服务，在海港交付和提取货柜。对于经港口运输的货物，Portbase 提供了一种用户友好的信息交换方式。Portbase 可以提前通知码

头,并发送所有所需信息。

④出口货物管理:Portbase 为货运代理、出口商、代理商、船舶经纪人和船运公司提供一站式出口手续办理方案。Portbase 改善了散装和集装箱运输流程。它们为包括码头和海关在内的所有相关方提供最佳信息,推动各方需求得以满足,是最佳且高效的物流方案。

（3）Portbase 系统优势

Portbase 系统为荷兰所有港口提供数字化连接,覆盖全国且适用于所有运输货类,包括集装箱、杂货、干散货和液体散货。物流链中的所有实体都可以通过 Portbase 轻松高效地交换信息。Portbase 提供了广泛的服务,每年大约有 15500 个用户据此发送大约 9400 万条电子信息。这些服务大多会重复利用 Portbase 中的数据。

简而言之,Portbase 的优点包括:效率更高、成本更低、服务更优质、计划更完善、周转时间更短、错误更少、信息重复利用最大化、7 天 24 小时可用。

（4）Portbase 系统面临挑战

鉴于多年来用户和服务的不断增长,Portbase 可被视为成功典范。随着用户数量的增加,在信息服务创新方面,新机遇和新要求的需求也在不断增长。Portbase 系统是一个开放平台,它为相关生态圈内各方开发 Portbase 上的应用提供了便利。

为了支持新的应用程序,需要平台在运行现有服务同时,也能通过链接外部数据源和开展大数据分析来促进新应用程序的开发。而现有平台由系统集成商托管,在技术领域和组织领域均限制了平台融合新想法的灵活性。

（5）Portbase 系统未来战略

为应对不断扩大的港口社区所带来的挑战,Portbase 公司制定了一项云战略,包括定义新平台需要的功能、进行市场调研、拟定业务案例及对云管理的需求(合规性、风险、安全性、连续性和预算监控)进行彻底分析。

通过使用基于云的基础架构和开发平台,Portbase 系统可以继续满足不断增长的新信息服务的需求,并与荷兰港口生态圈中的合作伙伴共同开发新的应用程序。通过这种方式,Portbase 创建的新平台不仅可以扩大生产能力,还可加快创新,使荷兰港口成为欧洲最智慧的港口。

3.2.7.5 安特卫普港 APCS 及 NxtPort 系统

（1）港口概况

作为欧洲第二大港口,安特卫普港是该区域重要中转港。其超过 300 多次的计划停靠班轮并通往超过 800 多个目的港的航线,为全球提供了便捷可靠的互联互通。安特卫普港每年运输的货运量为 2.35 亿吨。

安特卫普港地处世界上最大的海上航线网与欧洲最庞大的生产基地和消费市

场的中心,通过连接彼此,为其客户提供了至关重要的纽带。在安特卫普港附近500公里区域内覆盖了欧洲消费市场60%的购买力。此外,安特卫普港是比利时最大的经济引擎,提供的生产附加值高达207亿欧元。在就业领域,安特卫普港直接或间接地为144183人创造港内或与港口相关的工作岗位。

(2)安特卫普港口社区系统

安特卫普港在电子信息交换方面有着悠久的历史,这可以追溯到1986年SEAGHA公司的整合。私营部门和港口当局都发起了许多企业对企业和企业对政府的项目,这些项目支持、实施并推广电子信息应用。

2011年6月,安特卫普港务局和Alfaport Antwerpen共同推出了安特卫普港口社区系统(APCS:Antwerp Port Community System)。其中Alfaport Antwerpen为五个行业协会组成的联盟,包括安特卫普装卸工人协会、安特卫普航运联合会、比利时皇家船东协会、皇家交通管制员协会和安特卫普货运代理协会。

2018年,APCS已转变为C-point系统。C-point是一个旨在社交、通信和互联的创新平台。如今,C-point系统已成为在港口内及其周边所有参与者之间有效的数字通信平台。它支持并简化日常的行政和运营活动。C-point系统与通过技术平台提供数据的NxtPort系统一起,提供了一个完整的应用程序包,以促进安特卫普港及其周边所有方面之间的数字通信[41]。

(3)NxtPort——数据共享平台

NxtPort[42]是一个创新的数据平台,推动了安特卫普港的物流、海事和工业创新。2017年,安特卫普港一些私营公司形成的社群决定推出NxtPort系统,旨在改善物流流程。2018年,为增加该项目资金,安特卫普港和联邦合作与投资协会(FPIM)共同加入。因此,NxtPort目前成为公私合营的数据平台,囊括了港务局、船务公司、码头、仓储运营商和海关等利益攸关方。

从可行性的角度看,该平台让数据供应商相关数据的免费访问与提供成为可能。平台上的数据存储受到保护,并由数据所有者授予访问权限。此外,在同样基础上,数据也可以和特定方进行共享。例如,某航运公司可以决定与一个参与方共享进口数据,而与另一个参与方共享出口数据。基于双方数字握手的原则,即根据何种价格安排哪几方共享何种内容,NxtPort促进了数据的购置与资金转账。

NxtPort正在支持解决一系列社会和环境问题,包括:

①相关数据正在协助海关保护供应链的安全,确保所有进出欧盟的货物都已申报。

②安特卫普市周边的交通困扰:通过整合平台上天气、交通、驳船联运、船闸和水位等相关数据,使用方可以优化运输组织计划,让货物及时到达目的地。

③"后续运输模式"应用程序:旨在改善运输模式转换和效率。当某方表示想通过铁路或驳船提箱时,码头运营商将纳入计划,并立即将集装箱置于正确位置,以避免不必要的运输和等待。

④NxtPort 还解决了一些环境问题。例如,清空一个集装箱后,应将该集装箱运回港口。但是,如果数据平台将空集装箱位置可视化,则可让附近的人进行重复使用。这样一来,可通过该集装箱将出口货物运到港口,从而节省了两次不必要的运输。这使运输成本更低、更可持续,也意味着会有更少货车挤在拥堵的路上浪费时间。

(4) NxtPort 优势

数据共享已成为物流领域的热门话题。在安特卫普港,不同物流公司之间共享数据可以节省多达 10 亿欧元的资金。NxtPort 在此背景下应运而生,旨在提供一个可信任的数据共享平台。NxtPort 的数据共享改善了数据的可视化,推动利益攸关方使整个运输过程更加高效、安全和盈利。使用该平台甚至可以减少安特卫普的交通拥堵。

通过使用 NxtPort 的数据,通关代理和货运代理已经改善了工作流程。船舶抵达港口时,必须准备一份海关申报单。这些数据由货运代理提供。通过在到港之前共享数据,通关代理可以立即启动海关申报,从而加速进口流程。由于缩短了到达最终目的地的运输时间,这对于易腐货物尤为重要。

在化学工业界,过去企业设法消除大量烦琐的程序,它们必须提供纸质文件。当货车卸载一定量的货物后,其罐仓必须在清洁站中进行清洗。此前,司机必须提交一份最近一次装载货物的书面文件。在洗仓结束后,司机会收到一份证书,准许其开始服务下一个客户。下一个客户继而必须检查该证书文件,然后货车才能装载新的货物。通过这些利益攸关方之间的数据共享,企业现在可以即刻得知货车之前装载了什么货物,以及何时离开了清洁站。假如出现货物污染,企业还可以检查该货车的货物装载历史。

(5) NxtPort 挑战

为获取成功,NxtPort 需要克服许多挑战。由于该平台直接连接所有物流参与方,因此打破了传统软件开发商的商业模式。受影响的软件开发商必须重新考虑其业务模型,因为各参与方之间的链接变得毫无用处。此外,作为一个年轻的机构,NxtPort 公司必须说服航运公司、码头、货运司机和货运代理共享数据,并说服数据最终使用方愿意使用其受信平台。仅当拥有足够的共享数据,这样的平台才能具有吸引力。

NxtPort 未来面临的诸多挑战涉及作为一个数据共享平台,如何保持增长。数据需要在保证存储安全的同时易于访问。因此，NxtPort 正努力成为其客户期望的受信数据共享平台。

一个重要的挑战涉及商业模式的韧性。到目前为止，NxtPort 主要聚焦于安特卫普港，但在下一阶段该平台需要在国际范围进行拓展。未来在所有港口间共享数据的全球港口网络中，安特卫普应成为一个枢纽。例如，当一个集装箱离开上海前往安特卫普时，应该能够在整个航行过程中实现船舶追踪，并就此调整相关客户的供应链。

NxtPort 还将专注于连接其他平台，如航空货运、公路和铁路运输。托运人和收货人倾向于通过单一平台，而非多渠道来访问数据。安特卫普港可以居中协调，并积极衔接不同的运输方式。

3.2.8 基于区块链技术的数字化提单

1）背景

（1）定义

提单是承运人向托运人签发的单据，具有法律效力。提单上记有货物相关信息，包括货物品名、数量和目的地，并指明货物的承运人以及将货物运至最终目的地的条件[43]。提单随附于装运货物，并由承运人、托运人和收货人的受权代表签字。签字后的提单具备三项重要效用[44]：

①运输合同成立的证明文件。提单是帮助承运人按照与托运人或与货主订立的合同条款处理货物并具有法律约束力的协议。提单若有误，承运人可能会面临索赔和刑事诉讼。

②货物收据：证明货物已装妥于货船。

③物权凭证：要求承运人将货物交给提单所列收货人。提单允许销售在途货物及筹集金融信贷[43]。

（2）提单的使用及其面临的挑战

提单是货物运输成功的关键。它是帮助托运人根据与承运人订立的原始合同条款处理货物，具有法律约束力的协议。因此，提单可用于解决法律纠纷和诉讼程序。提单若有误，承运人可能会面临索赔和刑事诉讼。

此外，大多数提单可视为物权凭证，即赋予或证明对提单所列货物的所有权。提单持有人享有四项权利：①对提单的所有权；②对货物的所有权；③根据代理法或"禁反言原则"而产生的全部权利；以及④提单签发人根据提单条款持有或交付货物的直接义务[45]。

如为可议付提单，因提单表示对货物拥有所有权，承运人可将货物交给经背书、可议付提单正本的任何持有者[43]。上述情况下,提单可用于承运人和第三方的谈判;在货物运输途中,提单可被背书并转让给第三方。若承运人未收到货物运输费用全款,可保留提单和货物,直至销售条款得到完全履行。

与之类似,货船一驶离装运港,海运承运人便首先对纸质提单进行在签发。接下来,托运人对提单正本背书,并将其发送给买方,买方必须在目的地再将其交还给承运人以完成货物放行[1]。但在此流程中,有以下三个关键的低效点(见图3-21)。

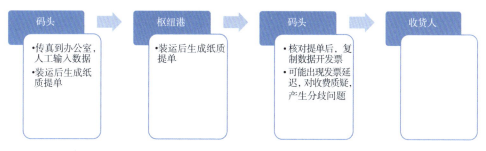

图3-21　纸质提单流程图(改编自 IHS Market)

首先,纸质提单增加运输成本。单笔交易的提单处理和管理可能就要消耗数百页纸张。运转纸质提单的系统成本高昂,每年约占运输货物价值的5%~10%。此外,票据必须专门递送给相关各方进行背书。以上流程使得单个集装箱的实际运输成本增加约20%[46]。

其次,纸质提单需要专门递送,这可能会导致延误,甚至会使承运人承担处罚。如上文所述,可议付提单规定,承运人有义务将货物交给持有提单正本的一方。但由于货物在运输过程可能多次销售,上述提单正本可能无法及时交给收货人。这不仅导致供应链效率低下,还会造成额外的行政和法律责任。若收货人未收到提单正本,承运人则一般会被要求接受赔偿保证书。但这并不能免除承运人涉及提单的有关责任。

最后,除了转交提单会增加成本和时间,纸质提单还存在欺诈风险。当承运人由于提单被伪造而发生交货错误时,其需要承担相关赔付责任,因而纸质提单给承运人带来了额外风险[47]。

2)电子提单发展现状

尽管电子提单已用于航运业,但还存在一些限制性因素,以致电子提单无法完全取代纸质提单。目前,电子提单进行使用的主要障碍在于其是否具有法律效力。当下,市场广泛认可的《海牙—维斯比规则》(Hague-Visby Rules)尚未确认电子提单是否具有与纸质提单相同的法律效力。这一点尤为棘手,因为作为一种物权凭证，提单允许所有者将其上所列货物运往目的地。

在没有确立更加明确的准则的情况下，航运业已在使用电子数据交换（EDI）系统来生成和交换数字化单据。EDI 是用于电脑端之间交换具有严密格式的（即标准化的）数字信息的方法[48]。EDI 自动设置单据格式来确保各方单据标准一致。但 EDI 仅供使用者分享单据，不能代替流程中涉及的实际存在的物理单据。

目前，电子提单在法律层面尚未被认可为有效单据。但因为多边协议中的各方遵守同一套规定与标准，如此一来，电子提单就能被他们视作具有法律效力的单据，所以电子提单仍可发挥作用。用户同意"在功能和法律效力上，将系统内的电子单据视同纸质单据，对于任何交易或通信的进行，承诺不因其非基于纸质而是基于电子形式且/或不因单据未签字或盖章，而质疑此等交易或通信的有效性[49]。"换言之，目前的解决方案仅停留在"契约构建"层面[50]，而非具有法律效力的单据。尽管用户能够通过应用程序访问系统，并在交易的任何时点都能将电子提单转换为纸质提单，但服务供应商本身不是交易主体，无法访问用户信息[49]。

电子提单得到国际保赔协会集团的认可，该集团承保船舶在全球远洋运输船舶吨位中约占 90% 份额。到目前为止，国际保赔协会集团认可了五个电子交易系统：BOLERO、essDOCS、e-Title、CargoX 和 edoxOnline[51]。"已认可"的系统指那些完全复制了纸质凭单法律特征的系统（如收据、物权凭证和承运合同）。对于被认可的解决方案，国际保赔协会集团承担货物运输涉及的相关义务，前提是若使用纸质提单也会产生这些义务。

在国际保赔协会集团认可的各种解决方案中，edoxOnline、CargoX 和 Wave 三个系统已经使用以太坊区块链来实现电子提单的运作。本节内容将介绍这三个解决方案及基于区块链的电子提单重要研究案例或试点项目。这三个系统均复制了纸质提单的流程和功能，并且都设有法律框架，在此框架下，用户就以电子而非纸质形式达成的交易或通信的有效性进行认可。在解析几个主要被认可的解决方案后，本文还将重点阐述对电子提单局限性和相关机遇的深入见解，并详细介绍新加坡实施电子提单解决方案的工作。

（1）edoxOnline

edoxOnline 是首个应用区块链技术来创制电子提单的解决方案。贸易的所有相关方（如托运人和报关代理人）通过 edoxOnline 系统实时互动。系统依据约务更替原则（principle of novation）和承认货物代持权的原则（principle of attornment）来转让权利与义务。根据约务更替原则，有关各方同意用替代合同来代替现有的有效合同。这样在电子提单的转让中，出让人可将拥有的权利转移给受让人。根据承认货物代持权的原则，由于用户事先同意每次电子提单的转让都伴随对货物代持权的承认,因此电子提单新的持有者即可代表货主获得货物的所有权[52]。

（2）CargoX

CargoX 生成了首个智慧区块链电子提单。2018 年 8 月,CargoX 在中国上海至斯洛文尼亚科佩尔的集装箱运输中成功试用。该系统支持区块链单据的转让,旨在缺乏信任的数字化环境中建立贸易公司间的数字化信任。与 edoxOnline 系统相同的是,CargoX 也是根据约务更替原则来转让权利与义务。承认货物代持权的原则同样适用于 CargoX,以使电子提单的新持有者可获得货物的所有权。但不同于 edoxOnline 的是,CargoX 系统从承运人处自动生成通知,证实承运人按照电子提单新持有者的指示来持有货物。2018 年的试运行表明,CargoX 智慧提单解决方案削减的提单签发和处理成本最多可达 85%,同时能节约数周等待单据的时间[53]。

目前 CargoX 的应用还包括 2019 年 G2 Ocean 公司和 Manuchar NV 公司的试运行。G2 Ocean 公司是由两家知名的干散货和件杂货运输公司——瑞士 Gearbulk 和挪威 Grieg 集团旗下的 Grieg Star 联合成立的合资公司;而比利时 Manuchar 公司是专注新兴市场的贸易和分销公司。这一试运行涉及从中国到秘鲁的五批货运。货物于 2019 年 4 月 5 日从中国装运港新港出发,于 2019 年 5 月 26 日到达秘鲁卸货港 Callao。

平均而计,CargoX 的解决方案在减少延误和滞港费(因装卸延误而向船东支付的费用)可能性的过程中,将转移单据所有权的时间从以天计缩减到以分钟计。两家公司在 2019 年 4 月完成对系统的测试,表示有意扩大电子提单的应用规模,并作为增值服务提供给客户[54]。

（3）Wave

在所有基于区块链的电子提单解决方案中,Wave 是首个完全去中心化的系统。Wave 属于点对点网络,用户可制作、交换、签署多种供应链加密单据。Wave 使用的法律框架与 CargoX 和 edoxOnline 不同。Wave 的条款和条件是参照英国《1992 年海上货物运输法》来执行所有权转让的过程,而非依据约务更替和承认货物代持权的原则。

2016 年,总部位于以色列的班轮公司以星综合航运有限公司与 Sparx Logistics 和 Wave 合作,试用电子提单。在中国至加拿大的货运中通过 Wave 数字平台制作、转让和接收电子提单正本[55]。在成功试运行后,以星公司于 2019 年初宣布,客户可选择用电子提单替代纸质提单。公司首先将电子提单试用于亚洲-南非和北美-地中海的贸易当中,随后再大范围推广[56]。

（4）其他解决方案:IBM 公司和 TradeLens

除了国际保赔协会集团认可的区块链系统,其他公司也已组成联盟测试并实施区块链解决方案。特别是IBM公司,已经成为具有多个解决方案的知名技术供应商,IBM的重要项目包括其与马士基联合开发的TradeLens。TradeLens是一个区块链平台,其数据覆盖了全球份额最多的海运集装箱。旗下成员包括马士基、地中海航运、法国达飞海运、汉堡南美航运、太平船务、以星综合航运有限公司、赫伯罗特货柜航运和海洋网联船务。

当其他解决方案着重于创建电子提单时,TradeLens却致力于提高全供应链的联通性。TradeLens系统整合各成员组织的系统,统一不同组织的数据格式,并将数据存储到TradeLens技术平台上。简言之,供应链上的公司可借助TradeLens,以结构化的形式共享数据,增强各方之间的联通性。TradeLens平台不仅能使成员处理单据(包括电子提单),也可为集装箱的端到端运输提供实时状态信息[57]。

TradeLens旨在联通全球供应链的各相关方,既是技术平台,也是生态系统参与者的网络。此外,Tradelens平台还确保区块链中存储的数据可代替纸质单据[1]。

(5)小结

总体来看,目前电子提单的发展现状反映了应用中的两大挑战。

使用电子提单的首要挑战是电子提单的法律有效性。由于《海牙—维斯比规则》对此未作明确规定,目前使用的电子提单只能基于共享网络或系统成员之间的合同协议。关于电子提单的相关法律及法律限制,本报告不做深入讨论。总而言之,电子提单的法律地位模糊,管辖电子提单使用和转让的法律框架和标准有限,可能使电子提单机制的潜在参与者面对更多阻力。

第二个挑战的部分原因是电子提单的法律地位问题。在电子提单缺乏明确的法律标准和框架的情形下,不同供应商提出了不同的解决方法。这形成了一个碎片化的体系,在其中,某个供应商或软件系统下成员间的电子提单交易,可能无法在不同系统间进行互操作。由于现有解决方案可能局限于特定的用户群体和网络,电子提单的推广和使用就会受到影响。此外,协调不同电子提单系统存在的物流压力,可能导致贸易的低效与延误。

3)区块链技术及应用

目前应用规模占据主流的纸质提单存在三大问题,而电子提单被视为解决这些问题的潜在解决方案,也是区块链技术进行应用特别具有希望的案例。本节内容首先介绍区块链技术,包括区块链综述及其在电子提单中的应用,再重点介绍基于区块链的电子提单应用所面临的机遇与挑战,最后分析区块链技术的主要研究和应用工作。

3 智慧物流供应链与增值服务

(1) 区块链技术

区块链是一种将数字信息块存储在公共数据库(一个区块的链条)中,在使用时仅允许用户附加信息的在线账本。2009年时该技术与比特币加密货币经常被放在一起热议。区块链起到了公共账本的作用,链上的每个区块都存储着交易信息,包括日期、时间及以美元计算的购买价,还有通过独特的数字签名参与交易的各方信息。

应用区块链技术的交易中有一种为比特币钱包之间的资产转移,该交易使用私钥进行签署,以证明资产来自钱包的所有者。一旦交易完成,签名可以防止交易被篡改,并且该交易会通报给网络中的所有节点,通过被称为"挖矿"的过程予以确认。这一网络确保交易按时序记录且保证记录的唯一性。

"挖矿"涉及待定交易的确认:这包括区块链中的交易,它会在区块链中创建一个时序。仅当交易遵守区块链的加密规则时,它才会被比特币网络接受并存储在区块中[58]。

一个区块加入区块链后就成为公开信息,任何人均可查看。用户可将电脑作为节点接入区块链网络,如此电脑即可接收一个复制的区块链,而无论何时只要有新区块加入,该区块链都会自动更新。通过这种方式,交易各方都持有相关交易单据的实时副本,形成开放的分布式体系。简而言之,区块链允许交易的所有参与者同步其账本。

区块链技术通过分布式账本降低欺诈风险。由于区块链的副本分布于整个电脑网络,黑客必须操纵网络上的每个区块链副本,才能隐藏对单一区块的修改。目前,比特币是区块链技术的主要应用。

比特币使用加密哈希函数,即一种返回由固定长度的任意字符串形成的数据集的单向算法[59]。使用加密哈希函数后,输入相同,则返回的输出也始终相同,但任何微小的修改都将创建完全不同的输出。一旦区块链中的交易得到验证,区块将被赋予一个独特的加密代码,即哈希值,从而与其他区块区分开来。

哈希值是基于区块中包含的数据以及前一个区块的哈希值生成的。由于每个区块的哈希值的生成取决于存储在该区块中的数据,因此对数据的任何修改都会给该区块创建一个新的哈希值[60](图3-22)。当这个对应区块数据的新的哈希值被生成时,该区块就将与链上的其他区块(其哈希值是基于原始、未修改的区块生成的)断开,从而向区块链用户发出该区块的数据已被更改的信号。若想使修改不被注意,就必须修改与原始区块链接的所有区块。

在比特币的案例中,比特币作为未使用的交易输出在区块链中进行转移。比特币可由所有者通过数字钱包交易,数字钱包有公钥和私钥各一个。公钥有地址,而私钥则是一个仅所有者知道的密码。转换比特币所有权时,前一位所有者通过签署前一笔交易的哈希值与下一位所有者的公钥来创建一个数字签名[59]。其后该笔交易的哈希值被添加到比特币的末端,形成由所有数字签名组成的"链",显示这枚比特币的所有权记录。

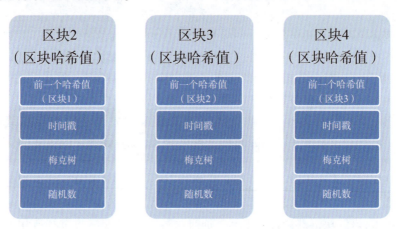

图 3-22　区块链中每个区块进行哈希运算的简化示意

虽然比特币代表的是货币价值,但如果在比特币加印附加信息(元数据),则可能赋予其另外的身份特性。这将使区块链可发行并交易非货币性的资产,其应用场景广泛多样,如担保权、版权和可转让单据(如提单)。因此,货物承运人也可发行作为区块链中资产的电子提单,代表要求承运人交付货物的权利。之后,此资产可转让给卖家以及其他买家还有区块链上的第三方[61]。

(2)将区块链应用于提单

提单是区块链技术的潜在应用方向:区块链具有复制提单关键特征的潜能,同时可降低提单的管理和运输成本、节约时间、减少欺诈。

过去,大多数电子提单都在封闭的、限于成员间的并由第三方运行的注册中心开展应用(图 3-23)。然而,由于许多组织尚未做好取得成员资格的准备,因此仅限成员间的方式导致电子提单难以得到广泛应用。此外,成员与非成员的交易也无法使用电子提单。这些障碍使得电子提单的早期尝试无法扩大吸引力[60]。

但区块链技术有可能打破早期电子提单模式的诸多局限,还可能进一步降低货运成本、提高效率。

首先,区块链解决了封闭的、基于成员资格的数字化注册中心的问题。由于区块链的公共性,交易方无须额外申请成员资格。提单可以在开放式平台上交易,消除了成员与非成员交易的复杂性(图3-24)。

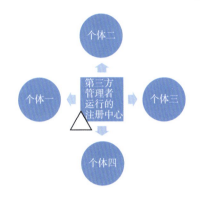

图3-23 基于注册中心的封闭系统——
三角形代表账本

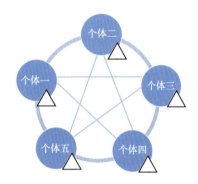

图3-24 开放式、去中心化的区块链系统——
三角形代表账本

其次,区块链技术可以确保提单的唯一性。提单是可转让的单据,其所有者可对单据所列义务行使权利。这意味着提单必须独一无二。在应用区块链之前,电子提单的一关键挑战是电子单据可被复制,多方都可能持有同一份提单的副本。而区块链的机制可防止双重支付,能确保在不同买家间交易的提单保持唯一一个记录。

双重支付是数字货币的一个潜在缺陷:使用数字货币的交易必须由网络中的节点(电脑)接收和确认。这一过程需要一段时间,买家可能会在另一笔交易中使用同一数字货币,从而产生两笔交易。而区块链通过创建单一的交易时序表来防止双重支付。当区块链中一个区块的哈希值被通知到所有的节点时,所有节点将对所接受交易的单一时序达成一致。交易只有得到多数"挖矿者"的确认,才会被添加到区块。如果用户试图双重支付,在网络中收到确认最多的交易将会被接受并添加进区块链。采用这种方法,可在区块链创建一个不可变的交易记录。

相比纸质提单,基于区块链技术的电子提单可降低管理和材料成本,省去购买、打印和递送纸质提单(可多达数百页)的费用。

在管理方面,运输过程中当货物所有权发生多次转换时,电子提单可减少延误。电子提单可即时修改,从而减少承运人和托运人的法律和管理成本。承运人也无须因纸质单据运送延迟而接受赔偿保证书来交接货物。

最后,电子提单还能降低欺诈风险。在公共区块链中,贸易的所有参与方始终都能查看电子提单。各参与方可看到对提单的修改,这些修改均附有自动生成的全面审计追踪[62]。如此电子提单使交易过程更安全;区块链技术的关键是可验证和可追溯,这使得篡改难度更高。此外,电子提单的安全性得到加强,将减少对纸质票据的重复检查,简化贸易流程。

4) 新加坡案例

新加坡政府一直在积极试点基于区块链的电子提单解决方案。2019年1月,太平船务在IBM区块链平台上试用电子提单,实时跟踪从中国发货的橘子。这一早期尝试将电子提单的流转时间从5~7天缩减到1s[63]。继太平船务与IBM的尝试后,新加坡政府于2019年3月宣布启动试点项目TradeTrust,推进纸质提单数字化。

(1) TradeTrust 简介

TradeTrust为跨部门项目,由新加坡资讯通信媒体发展局(IMDA)牵头,与其他政府机关和私营部门伙伴合作,将在接下来的几年时间内完成。2018年1月,新加坡海事及港务管理局(MPA)、新加坡航运协会(SSA)和新加坡海关共同签署《谅解备忘录》。项目旨在开发可互操作的框架"TradeTrust",使新加坡境内外的企业能够互换数字化贸易单据。

总体而言,TradeTrust旨在创建由地方和国际合作伙伴组成的网络。TradeTrust虽然与马士基和IBM开发的TradeLens类似,但比起TradeLens更多着眼于货运行业,TradeTrust则是致力于创建一套全球公认的治理标准和法律框架,将政府和企业通过同一个公共区块链连接起来。该项目最终目标是促进各数字平台之间实现可互操作的电子贸易单据交换。

项目由四个关键部分组成:

①协调法律:使电子可议付单据具有法律效力。

②制定标准:制定和增补国际标准。

③构建认证体系:对符合法律要求的技术方案进行认证。

④开发开源软件:开发开源代码,帮助企业将后端解决方案融入TradeTrust网络[64]。

平台建成后,将支持数字化的精简贸易流程,实现不同贸易平台和格式之间的互操作。下面将重点介绍TradeTrust项目的重要里程碑事件。

(2) 重要里程碑事件

为了引入电子提单,TradeTrust于2019年开始征求建议,就TradeTrust基础设施的可行性实施方案咨询了相关商业组织。IMDA根据收到的建议来决定TradeTrust数字基础设施服务将采用的技术规范[65]。IMDA还计划与相关行业参与方组建行业咨询工作组,收集对项目的反馈意见。近期活动将侧重建设数字基础设施并进行试点,确保电子提单在数字生态系统中可互操作。

同样于2019年,TradeTrust投入2000万美元的国际商会TradeFlow平台试点项目取得初步进展。国际商会TradeFlow是一个开源区块链平台,由国际商会、Perlin、IMDA、新加坡托克集团和星展银行合作开发。平台利用TradeTrust原型,使企业能"直观地绘制贸易流向,向合作伙伴发出指示,并实时分析交易行为……企业可上传、验证和修改贸易单据,并按照贸易伙伴的指示行事[66]"。该平台旨在终结纸质流程,有望将点对点单据处理时间从45天缩短到20天。平台已试用于南非至中国的铁矿石货运中,贸易合作方也承诺在其他贸易活动中使用这一平台。

尽管国际商会TradeFlow并不开发电子提单,但仍然具有重大意义。国际商会TradeFlow利用TradeTrust互操作性框架创建平台,实现与已存及发展中的数字化贸易平台的沟通[67]。这凸显TradeTrust在消除航运部门采用的不同数字平台与方案之间鸿沟的潜能。到目前为止,许多行业内的重要企业支持该平台,包括国际商会(代表100多个国家的4500多万家公司),以及星展银行和万事达卡公司在内的17家大型企业[68]。随着业界重量级企业参与试点平台,通过TradeTrust创建的电子提单可能会得到许多企业的支持和应用。下一小节将详细介绍TradeTrust创建电子提单带来的主要机遇。

(3)TradeTrust提供的机遇

TradeTrust解决了使用电子提单的一些主要难题。

首先,平台重点处理法律协调问题,解决推广现有解决方案实施的这个主要障碍。TradeTrust将审视《电子交易法》和《个人数据保护法》,使政府能建立法律框架,在保护个人数据的同时,认可电子交易票据的有效性。审视现有法律还能解决与贸易单据数字化有关的潜在网络安全和隐私问题。

其次,TradeTrust也能确保解决方案的互操作性。目前,推行数字化的行动形成了采用不同数字方案和平台而相互隔绝的用户群体。面对碎片化的解决方案和生态系统,该平台致力于加强它们之间的互操作性,提高不同企业和数字平台之间的交易效率。

第三,TradeTrust降低重复进行安全检查的需求,提高了整体贸易效率。当欺诈风险随着TradeTrust的推广而降低,验证单据真实性的需求也将减少。

4 智慧港口的绿色与安全发展

4.1 背景综述

近年来，随着城市经济社会发展和港口规模化扩张，使陆域、岸线和交通资源价值迅速提升，而因安全事故引发的环境污染和各地相继发生的雾霾事件，引发人们对环境质量的空前全面关注，直接推动港口结构调整和排放控制区的建设，使安全绿色港口建设跨上新台阶。面对新形势、新要求，必须加快转变港口发展方式，坚持绿色低碳发展，安全智慧发展，依靠结构调整、技术创新和管理优化，加强生态环境保护与安全防控。

港口绿色低碳发展，应立足港口绿色发展的现实需求，整合港口各类环保基础资料、环境管理业务、污染源和环境质量在线监测系统数据、能耗数据等，综合运用大数据、云计算、物联网和人工智能等现代信息化技术，围绕港口环境数字化管理、环境风险预警、污染溯源和应急指挥与调度、用能管理等核心业务，构建数据驱动的港口智慧环境管理系统，打通环境管理的政策流、业务流和信息流，实现港口环境管理的自动化、智能化和智慧化。

港口安全智慧发展，应充分利用物联网、移动互联网、大数据分析、三维虚拟现实、北斗定位、GIS、高精度遥感测绘和无人机应用等技术，构建以港口危险货物为业务主线的标准化程序化智能化安全监控平台，增强港口危险货物信息动态智能化监控和安全监管信息化能力，提升危险货物突发事件、应急处置与指挥决策能力。

4.2 案例介绍

4.2.1 环境在线监测

(1) 背景

中国镇江港务集团有限公司近年来对所属码头、堆场采取包括加装防尘网、散堆矿粉覆盖苫布并洒水、装卸及运输过程中洒水等一系列措施，努力降低大气污染。但对于扬尘带来的空气质量问题,由于不能得到实时的监测数据,企业也无法根据实际情况,对超标情况及时处置。

(2)案例介绍

粉尘在线监测系统通过大数据和云计算技术,通过光散射在线监测仪、数据采集传输等设备,实时、远程、自动监控颗粒物浓度。数据通过移动网络传输。

管理人员可以在计算机终端访问,同时也可以在手机 APP 上查看监测点的详细信息,包括设备的基本信息、运维单位、实时视频、监测因子的数据变化趋势图等,实现政府和企业的监管部门对扬尘污染排放的远程监督和管理。

相关人员可以在平台上查看作业区域内扬尘监测点实时的监测数据,也可以查看作业区域内历史的扬尘监测数据,并支持数据导出功能;同时在平台中可以查看监测点的详细信息,包括设备的基本信息、运维单位、实时视频、监测因子的数据变化趋势图等。各个层次技术标准统一,点对点数据传输可靠。建立基本的被监控区域环境变化的基本信息和变化趋势,并可随时查看。

通过 GPRS 实现数据的 24 小时传输,远程监控。自动采集和分析数据,及时判断数据异常以及报警。选择基于 GPRS 无线网络的 DTU,它具有体积小、功耗低、配置使用简单、即插即用。通过内插一张联通 WCDMA 数据卡自动拨号后作为数据传输通道,可以实时向不同单位传输数据,并实现 24 小时在线实时监控的目的。

(3)效果

①监测系统的实施,可以提供对作业区域 24 小时监控手段,变从前的被动管理为现在的主动管理;减轻了人员巡视带来的各种负担,便于灵活管理和重点数据监测。

②在管理人员不增加的情况下,加大了对作业现场监管力度。

③监控系统为企业环境管理建立了一个统一的参考标准,使管理系统化。系统可以提供历史监测数据留存。

④为未来企业环境管理制定严格合理的管理制度,进行扬尘预防及预期分析提供技术依据。

⑤通过监控系统的建设,达到企业与政府各管理部门的信息共享,做到了管理和执法联动及快速反应。

4.2.2 危险货物智能管理

1)概述

港口危险货物运输在保障能源供应、促进经济发展中发挥了积极作用,但也具有危险货物作业量大、货种繁杂的特点,且其中不乏汽油、液化石油气这样火灾危险性较高的物质,以及环氧氯丙烷、丙烯腈这样毒性较强的物质。

为提升港口安全管控服务能力,建设为基础,港口深入运用移动互联网、大数据、地理信息系统(GIS)、GPS、三维现实、遥测遥感、物联网等技术,实现对危险货物作业设备、作业场所和重大风险源的动态监控与查询,并在智能感知的基础上,建立危险货物标准化程序化智能化管理系统工程平台,实现危险货物的信息化、流程化和智能化管理,保障港口危险货物安全运输和存储。以下以中国宁波舟山港为例,介绍港口危险货物智能管理系统的功能、特点及实施效果。

2)案例介绍

宁波舟山港作为中国重要的原油储备基地、油品中转和生产基地及最大的液体化工储运基地,港域内危险货物运输量大,船舶进出频繁。为提升港口安全业务管理能力,促进港区安全可持续发展,宁波舟山港充分利用物联网、移动互联网、大数据分析、三维虚拟现实、北斗定位、GIS、高精度遥感测绘和无人机应用等技术,构建了以港口危险货物为业务主线的信息化管控系统,增强港口危险货物信息动态智能化监控和安全监管信息化能力,提升危险货物突发事件、应急处置与指挥决策能力。

(1)系统功能

①化工储罐区安全可视化管理。整合化工仓储区已运行的生产运营系统、健康-安全-环境(HSE)管理系统、液位监测系统、消防控制系统等,实现对化工仓储区生产作业、设备设施、物联监测等一体化安全监管,通过遥感测绘实现设备设施关键资源的精准安全管理;通过三维建模、GIS、北斗定位等技术对危险货物运输、装卸生产、储存、施工巡检等生产活动进行全过程、全链条的管理和动态监控,对储存场所、物料管线和重大设施进行可视化展现;重大危险源的监测预警和事故影响分析等;对可燃气体、储罐液位等物联监测进行动态监测和预警。系统界面如图 4-1 所示。

图 4-1 化工储罐区安全可视化管理界面

4 智慧港口的绿色与安全发展

②危货集装箱堆场安全可视化管理。依托地理信息、三维可视化、GPS定位、物联网等技术手段,整合集装箱码头生产业务系统,实现对危险货物集装箱堆场的运输、装卸生产、施工巡检等安全生产操作的全过程管控。通过二/三维建模应用动态展示危货集装箱的堆存情况,自主研发安全规则引擎技术对超高、超期等违规校验报警,支持场区温度感应、巡检异常及隐患等进行预警提醒。结合学品安全技术说明书(MSDS)化学品库和宁波港作业危险货物理化特性表,直观展示危险货物的理化特性、抢险应急方案等信息。系统界面如图4-2所示。

图4-2 危货集装箱堆场安全可视化管理界面

③智能化应急预案管理。通过建立完备的应急知识和应急案例数据库,将应急处置常识按照突发事件发生演化的时间顺序和不同应急阶段的特征进行顺序分条存储;运用智能化技术建立应急处置推理机制,分析突发事件发展的某个阶段所应采取的应急处置措施;形成高度智能化的突发事件应急处置系统。最终实现应急预案资料的电子化、结构化管理,支持应急处置时的流程化和智能化。系统界面如图4-3所示。

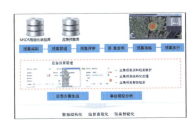 

图4-3 智能化应急预案管理界面

④港口安全应急指挥调度管理。港口安全应急指挥调度管理是主要由应急指挥场所、基础支撑系统、综合指挥应用系统、信息接报与发布系统和标准规范体系等组成。按照"平战结合"的原则,设计日常、应急和演练三种模式,以应急预案管理为支撑,满足集团到基层的多级应急指挥联动,支持突发事件上报、实时沟通、远程联动指挥和指挥辅助决策,从接处警、启动应急预案、应急处置、形成事故报告到

舆情发布的流程化管理。运用大数据技术构建应急评估模型,对基础信息、动态信息、隐患信息、事故信息等数据进行深度挖掘,辅助动态监控、应急救援决策和应急联动。

(2)技术特点

创新危险货物在线监测监控,在危险货物作业区域应用红外温感、火焰识别等智能感知设备和技术,增强预警预测能力。

应用移动互联网、无人机应用、高精度遥感测绘、三维虚拟现实、北斗定位、AIS、GIS和大数据分析等技术,对危险货物生产作业相关的船舶、车辆、货物和人员进行动态管理。

应用应急评估模型,实现火灾影响范围、气体泄漏扩散、爆炸影响范围分析、应急过程再现等。

(3)实施效果

打造宁波舟山港全港一套标准、一个系统平台、信息开放共享、数据互联互通的应用模式,形成"数据一个库、监管一张网"的危险货物安全管理体系。

提供智能化手段对安全生产的重点企业进行监督监控,对生产中的港口危险货物安全隐患进行排查治理,对可能发生的安全生产事故进行预测预警,最大程度上降低事故发生的可能性,避免巨大的经济损失。

满足宁波舟山港"平战结合"的港口安全管控模式。全面掌握在港危险货物基本信息,显著提升安全监管工作效能,切实规范安全监管责任,显著增强应急处置能力。

实现安全应急部门的互联互通、信息共享,可显著提高安全生产事故的应急处理效率,最大程度地减少安全生产事故的规模、程度,降低事故造成的经济损失。

5 智慧港口发展建议

当前,以云计算、大数据、物联网、移动互联、智能感知为代表的新一代信息技术日益影响着港口生产、经营、管理与服务的方方面面,技术变革的巨大影响力正日益显现。在新一轮的科技变革中,借助现代信息技术,构建开放共享、互联互通、高度数据化和智能化的生态圈,成为港口寻求差异化的竞争优势和提升综合软实力的重要举措。

(1)实现基于数据驱动的智能化运营

实现基于数据驱动的智能化运营服务,全面提升港口运营效率与供应链服务水平,是港口智慧物流的核心与灵魂。港口运营智能化,关键在于深度感知应用和数据创新服务。

一要夯实感知网络与传输网络。结合港口物流业务流程,配置现代信息技术应用与感知基础设施,建立港口深度感知体系,实现港口物流要素信息的自动采集与智能感知。通过各类智能传感器、RFID、GPS、AIS和各类手持智能终端等技术手段,实现实时、动态、自动的数据收集与智能识别及港口物流链全程的动态跟踪与状态识别,以准确掌握货物、船舶、码头、车辆、铁路、口岸监管、堆场等信息与动态。

二要完善港口物流基础设施。通过自动化码头、现代化堆场和物流服务基地等物流基础设施建设,结合智能感知、物联网、互联网、大数据等技术手段,进一步优化和提升港口生产力,实现设备操作自动化、调度智能化和信息数据可视化。通过标准化流程,降低人工强度,提高港口物流作业效率和准确率,进一步提升物流服务质量。

三要推动港口物流链全程信息化管理。进一步完善港口信息化管理体系建设,实现信息化运营、精益化管理和系统化管控。通过信息平台化解物流链的"信息孤岛",改善信息不透明状况,避免形成物流环节瓶颈。如建立港口社区系统,打通港口物流上下游环节的数据流,汇聚各物流参与方的业务需求,优化港口物流业务流程,为货主、仓储经营商、船公司、货代等所有物流链上的客户提供高效的一体化服务。

四要实现数据服务创新。港口生产业务过程中积累了大量的数据,包括码头生产、集卡调度、货物种类、货物流向、物流路径等。通过整合港口物流链信息资源,建立港口大数据中心。通过大数据技术的应用,充分挖掘数据背后所隐藏的潜在价值。通过大数据产品赋能物流各个环节,探索与扩大应用服务场景,促进商业模式与业态创新,进一步提升物流价值链的整体效率、服务质量及客户体验。

(2)强化港口物流链一体化服务

高效物流链一体化服务是港口智慧物流的重要标志与外在体现。提高港口物流价值链的整体效率和服务质量,实现港口物流服务链一体化,需重视三个方面的能力提升。

一是建立便捷、安全、低成本的集疏运体系,突破传统的"货物装卸"封闭运作模式。加强与全程物流链上下游相关方协作,优化内陆多式联运运输网络,构建全程物流链服务体系,为港口物流链上下游客户提供多方协作及业务运营平台。打通物流运输的海陆节点,实现业务协同与高效衔接,为货主、物流公司、航运企业及联盟提供更具价值的优质服务。

二是围绕港口物流价值链,拓展业务范围,强化对物流链资源的整合与集成能力。充分利用港口身处供应链中心的优势,通过对各方面信息的收集、分析和整合,为客户提供一站式物流解决方案和物流服务,以满足物流市场对港口差异化服务的需求。充分应用云计算、大数据、移动互联网、物联网等现代新兴技术,通过便捷、透明、统一的信息平台,强化物流链资源的整合与集成能力,实现港口与船公司、铁路、公路、货代、仓储等相关物流企业的无缝连接,提高物流服务效率和质量。实现港口与海关、海事、检验检疫等口岸联检单位的信息一体化,提高港口通关效率和服务水平。

三是强化物流价值链服务,将客户需求置于首位,创新和延伸物流服务。整合物流信息资源,拓展并增强物流交易服务功能,提供金融、保险、信用等衍生服务。借助云计算、大数据、移动互联网等手段识别业务机会与风险,帮助港口企业改进服务质量。基于港口大数据平台,展开相关的物流服务创新。运用大数据技术为用户提供增值服务,提升用户服务体验。

(3)提升港口供应链服务能力

推进智慧港口物流通道建设,实现港口物流参与方全流程协作和整合管理,实现全方位信息集成、一体化协作和业务创新,并基于港口、物流、贸易、生产企业等全链条大数据沉淀,构建区域智慧港口物流体系与供应链服务平台,形成高效、稳定、安全的港口数字化供应链服务能力。

一是延伸港口生态链综合信息服务。基于港口、物流、贸易、生产企业等全链条大数据沉淀,以平台数据为依托,通过大数据分析为相关企业提供客观准确的货量数据或其他定制信息服务,提供仓储网络优化、物流运输优化、销售市场优化等定制化供应链服务,提供智能分析与决策支持。同时选出决策树模型进行建模,开展量化评级,搭建基于大数据分析的平台客户信用体系。

二是建设港口数字化供应链服务平台。加大区块链技术的应用研究,建设集全程物流、贸易交易、商务结算、金融服务、政策服务为一体的煤炭、石化、钢材等大宗物资数字化供应链服务平台,打造现代港航物流生态圈,提升港口生态协作效率和数字金融服务。

(4)要打造开放共享、互联互通的港口生态圈

打造开放共享、互联互通的良好港口生态圈,是港口智慧物流运作的根本保障。港口生态圈战略既涵盖了港口自身战略定位与发展,也考虑了港口物流链的整体优化战略,突出资源的开放与共享以及参与者间更紧密的协作,最大化地提高资源利用率。

对政府部门而言:需加强政策引导,打破阻碍运输网络优化的关键壁垒,着力解决物流链一体化的制约瓶颈;大力营造公开透明的营商环境,建立健全相应的政策体系与监管体系,引导港口物流有序、规范、健康发展;积极推动统一公共物流信息服务平台的搭建,打通信息孤岛,化解信息链"断点",提升综合物流效率。

对港口企业而言:需要结合自身禀赋和竞争环境,选择合适的定位。加强与港口物流链相关方战略合作,广泛建立多方协作、共赢互利的"朋友圈"。强化港口生态圈意识,创新发展理念与商业模式,打造紧密协作的港口生态圈,推动贸易便利化。做好港口智慧物流顶层设计,推动港口物流链资源整合与集成,实现高效协同化运作。将用户需求置于首位,寻求差异化的竞争优势,找到最为经济、最为合理、最为科学可行的路径。

参考文献

[1] https://devicesship.com/third-generation-ports/

[2] https://treball.barcelonactiva.cat/porta22/images/en/Barcelona_treball_Capsula_Sectorial_Transport_maritim_nov2012_en_tcm43-22791.pdf.

[3] https://www.csc.gov.sg/articles/connecting-to-the-world-singapore-as-a-hub-port.

[4] https://www2.deloitte.com/content/dam/Deloitte/be/Documents/public-sector/deloitte-be-cb-global-port-trends-2030.pdf.

[5] https://www.joc.com/international-logistics/covid-19-accelerate-digitalization-automation-container-shipping_20200326.html.

[6] https://www.straitstimes.com/singapore/transport/challenges-that-will-require-sing-apore-to-rethink-maritime-strategy-chan-chun.

[7] https://www.straitstimes.com/singapore/spore-plans-to-keep-port-attractive.

[8] https://www.businesstimes.com.sg/sites/default/files/attachment/2016/04/29/BT_20160429_PORT29C_2252905.pdf.

[9] https://www.maritimeinstitute.sg/Roadmap2030/

[10] https://www.mpa.gov.sg/web/portal/home/media-centre/news-releases/detail/45bf0831-c7db-4259-ab25-cf7c674335b0.

[11] https://www.clc.gov.sg/docs/default-source/urban-systems-studies/rb162799-mnd-uss-bk4-seaports-final.pdf, pp 77.

[12] https://www.clc.gov.sg/docs/default-source/urban-systems-studies/rb162799-mnd-uss-bk4-seaports-final.pdf, pp 78.

[13] https://www.mpa.gov.sg/web/portal/home/maritime-singapore/industrytransformation.

[14] https://www.mckinsey.com/industries/travel-logistics-and-transport-infrastructure/our-insights/the-future-of-automated-ports #:~:text = Automated% 20ports% 20are% 20safer% 20than,and% 20performance% 20becomes% 20more% 20predictable.

[15] https://container-mag.com/2019/03/29/psa-singapore-orders-80-automated-guided-v-eh-icles-tuas-port/

[16] https://new.abb.com/news/detail/63868/smart-charging-infrastructure-for-singapore-ports-automated-guided-vehicles.

[17] https://www.mpa.gov.sg/web/wcm/connect/www/e8cde13b-8746-4a2d-89c5-9f2761f03a07/Annex + B + -Smart + Port + Challenge + 2018 + Programme + Booklet.pdf? MOD = AJPERES.

[18] https://opengovasia.com/mpa-singapore-completes-pilot-trial-on-new-cognitive-based-system-to-improve-maritime-and-port-operations/

[19] https://www.mpa.gov.sg/web/wcm/connect/www/4e6b3fc0-0333-4e84-98be-e28b2646432d/Illustration + 1.pdf? MOD = AJPERES.

[20] https://www.mpa.gov.sg/web/wcm/connect/www/4e6b3fc0-0333-4e84-98be-e28b2646432d/Illustration + 1.pdf? MOD = AJPERES.

[21] 张建东.青岛港设备智能管控平台[J].中国设备工程,2018,12.

[22] 朱连义,安国利,董席亮.世界自动化集装箱码头发展现状及启示[J].集装箱化,2015,1:7-10.

[23] https://www.kalmar.cn/automation/

[24] 杨瑞,谢文宁.自动化集装箱码头的装卸工艺及设备[J].集装箱化,2010,3:2-4.

[25] https://cn.zpmc.com/pro/list.aspx?id = 2.

[26] 何继红,林浩,姜桥.自动化集装箱码头装卸工艺设计研究[J].中国港湾建设,2016,4:67-70.

[27] 吴沙坪,何继红,罗勋杰.洋山四期自动化集装箱码头装卸工艺设计[J].水运工程,2016,9:159-162,166.

[28] 韩时捷,王施恩,周亚平.双重可调式轨道基础研究与设计[J].水运工程,2016,9:126-129,139.

[29] 耿卫宁,张连钢,李波,等,自动化集装箱码头堆场规划设计[J].水运工程,2019,8:1-5.

[30] 张连钢,杨杰敏,李波,等,自动化集装箱码头总平面布局设计[J].水运工程,2019,10:14-20.

[31] https://www.e-ports.com/zh.

[32] https://www.dakosy.de/en/solutions/cargo-communications/port-community-system/

[33] https://www.dakosy.de/en/solutions/logistics/intermodal/myboxplacede/

[34] https://www.dakosy.de/en/about-us/robob/

[35] https://www.hb56.com.

[36] https://www.marseille-port.fr/en/Accueil/

[37] http://www.mgi-ci5.com/en/ci5/

[38] http://www.mgi-ci5.com/en/our-vision/

[39] https://www.mgi-ci5.com/en/ci5-celebrates-one-year-of-success/

[40] http://www.gyptis.fr/articles-newsletter/491-focus-on-three-new-applications-that-will-change-the-face-of-logistics.

[41] https://www.c-point.be/en/

[42] http://worldofanalytics.be/blog/how-nxtport-unlocks-the-potential-of-sharing-data-in-the-port-of-antwerp.

[43] Kantharia, Raunek. "Bill Of Lading in Shipping: Importance, Purpose, And Types," July 9, 2020. https://www.marineinsight.com/maritime-law/what-is-bill-of-lading-in-shipping/

[44] Callahan, Amanda. "The Beginner's Guide to Bill of Lading Documents," May 1, 2016. https://www.shiplilly.com/blog/beginners-guide-bill-of-lading/

[45] US Legal, Inc. "Documents of Title." Uniform Commercial Code. Accessed August 11, 2020. https://uniformcommercialcode.uslegal.com/documents-of-title/

[46] Wong, Lester. "Parliament: Singapore to Launch Pilot for Digitising Shipping Documents."The Straits Times, March 4, 2019. https://www.straitstimes.com/politics/parliament-singapore-to-launch-pilot-for-digitising-shipping-documents.

[47] Underhill, Sally-Ann, and William Bibby. "Electronic Bills of Lading."Ship Law Log, January 14, 2016. https://www.shiplawlog.com/2016/01/14/electronic-bills-of-lading/

[48] "What Is EDI: Understanding the Main Document Exchange Technology." AltexSoft. AltexSoft, July 11, 2019. https://www.altexsoft.com/blog/business/what-is-edi-understanding-the-main-document-exchange.

[49] C. Wu, L. Starr, and J. Tan. "Electronic Bills of Lading (sharing expertise). UK P&I Club: Legal Briefing (May)."(2017)

[50] Nicol, Drew. "Electronic Bills of Lading: How Secure Are They Really?" Global Trade Review (GTR), July 23, 2019. https://www.gtreview.com/magazine/volume-17-issue-3/electronic-bills-lading-secure-really/

[51] "Electronic Bill of Lading: How to Go Paperless with Bolero, EssDOCS, e-Title, and EdoxOnline." AltexSoft. AltexSoft, November 18, 2019. https://www.altexsoft.com/blog/electronic-bill-of-lading-software/

［52］ "Electronic Bills of Lading-An Update Part I." Ship Owners Liability Insurance & Risk Management. Accessed August 11, 2020. https：//www. ukpandi. com/news-and-resources/club-articles/electronic-bills-of-lading--an-update-part-i/

［53］ "CargoX Completes Trial Shipment with 1st Ever Smart Bill of Lading." Offshore Energy, August 24, 2018. https：//www. offshore-energy. biz/cargox-completes-trial-shipment-with-1st-ever-smart-bill-of-lading/

［54］ World Maritime News. "Blockchain to Retire Paper Bill of Lading." Offshore Energy, May 31, 2019. https：//www. offshore-energy. biz/blockchain-to-retire-paper-bill-of-lading/

［55］ "ZIM's Groundbreaking Blockchain-Based Bill of Lading." ZIM, November 20, 2017. https：//www. zim. com/he/news/press-releases/zims-groundbreaking-blockchain-based-bill-of-lading.

［56］ "ZIM Moves Forward with Blockchain-Based Bill-of-Lading." Offshore Energy, January 15, 2019. https：//www. offshore-energy. biz/zim-moves-forward-with-blockchain-based-bill-of-lading/

［57］ "Ep. 73-TradeLens-Supply Chain on the Blockchain." Insureblocks. Insureblocks, September 1, 2019. https：//insureblocks. com/ep-73-tradelens-supply-chain-on-the-blockchain/

［58］ "How Does Bitcoin Work？" Bitcoin. Accessed August 11, 2020. https：//bitcoin. org/en/how-it-works.

［59］ Team Inner Quest Online. "How Does a Blockchain Prevent Double-Spending of Bitcoins？" Medium. InnerQuest Online, August 27, 2018. https：//medium. com/innerquest-online/how-does-a-blockchain-prevent-double-spending-of-bitcoins-fa0-ecf9849f7.

［60］ Binance Academy. "What Makes a Blockchain Secure？" Binance Academy. Binance Academy, January 19, 2020. http：//academy. binance. com/blockchain/what-makes-a-blockchain-secure.

［61］ Takahashi, Koji. "Blockchain technology and electronic bills of lading." The Journal of International Maritime Law Published by Lawtext Publishing Limited 22 (2016)：202-211.

［62］ Bolero. "Fraud or Deception Using Bills of Lading Can Be Eliminated through Digitisation." Bolero. boleroadmin https：//www. bolero. net/wp-content/uploads/2017/06/logo-colpng, July 13, 2018. https：//www. bolero. net/fraud-or-deception-using-bills-of-lading-can-be-eliminated-through-digitisation/

[63] "PIL and IBM Collaborate to Trial Lunar New Year Delivery Using IBM Blockchain Platform." IBM News Room, January 31, 2019 https://newsroom.ibm.com/2019-01-29-PIL-and-IBM-collaborate-to-trial-Lunar-New-Year-delivery-using-IBM-Blockchain-Platform.

[64] "TradeTrust." Infocomm Media Development Authority, April 30, 2020. https://www.imda.gov.sg/programme-listing/international-trade-and-logistics/tradetrust.

[65] Nicol, Drew. "Singapore to Create Proof-of-Concept for e-Bill of Lading Initiative." Global Trade Review (GTR), March 12, 2019 https://www.gtreview.com/news/asia/82509/.

[66] "ICC TradeFlow Blockchain Platform Launches to Simplify Trade Processes - ICC-International Chamber of Commerce." ICC, November 7, 2019 https://iccwbo.org/media-wall/news-speeches/icc-tradeflow-blockchain-platform-launches-to-simplify-trade-processes/

[67] Insights, Ledger. "DBS, Trafigura First to Use ICC Blockchain Trade Platform in Singapore." Ledger Insights-enterprise blockchain, November 6, 2019 https://www.ledgerinsights.com/dbs-trafigura-icc-blockchain-trade/

[68] Takahashi, Dean. "TradeTrust: Singapore, ICC, and 17 Companies Back Trade Digitalization (Updated)." VentureBeat. VentureBeat, January 22, 2020. https://venturebeat.com/2020/01/22/tradetrust-singapore-and-16-companies-back-perlin-blockchain-for-global-trade-platform/